Michael Squar

Ich krieg die Krise ... denn sie wissen nicht, was sie nicht wissen

Von Klima bis Corona – eine Zeitreise durch drei Jahrzehnte Globalisierung

MICHAEL SQUAR, geboren 1955 in Gimmeldingen/Kreis Neustadt an der Weinstraße, aufgewachsen in Frankfurt am Main, dort ausgebildet zum Versicherungskaufmann, Diplomstudium der Geographie mit Meteorologie und Historischer Ethnologie an der Goethe-Universität Frankfurt am Main sowie Lehramtsstudium Geschichte und Erdkunde, wohnhaft in Bad Homburg.

Michael Squar

Ich krieg die Krise ... denn sie wissen nicht, was sie nicht wissen

Von Klima bis Corona – eine Zeitreise durch drei Jahrzehnte Globalisierung

Rediroma-Verlag

Bibliografische Information der Deutschen Nationalbibliothek:
Die Deutsche Nationalbibliothek verzeichnet diese Publikation in der Deutschen Nationalbibliografie; detaillierte bibliografische Daten sind im Internet über http://portal.dnb.de abrufbar.

ISBN 978-3-96103-907-4

Umschlagillustration: rudall30 (shutterstock.com)

www.rediroma-verlag.de
12,95 Euro (D)

Inhalt

Einleitung

Citius, altius, fortius – immer schneller, höher, stärker, smarter und nachhaltiger – dieses (um zwei leicht digital und umweltbewusst erweiterte Begriffe) pseudoheroische Motto der Olympischen Spiele ist ein in der menschlichen Natur und Psyche fest verankertes Wesensmerkmal: Ergründe alles, gehe über deine Grenzen hinaus und mache dir die Welt zu deinem Nutzen untertan. Ganz getreu dem Slogan: Nichts ist unmöglich!

Zweifellos haben sich die Lebensbedingungen der meisten Menschen auf unserer Erde im Laufe der Jahrhunderte schubweise verbessert. Die Erkenntnisse und Errungenschaften in Wissenschaft und Forschung auf sozialer und sonstiger kultureller Ebene sind unumstritten, wenngleich jedoch Geld und Güter sowohl global als auch regional und lokal mehr oder weniger ungleichmäßig verteilt sind.

Und insbesondere um diese Ungleichverteilung geht es, wenn von Unruhen, Kriegen oder Flüchtlingsströmen die Rede ist. Disparitäten zwischen rivalisierenden Wirtschaftsblöcken, Nationen oder innerhalb einzelner Staaten mit verschiedenen Bevölkerungsgruppen und selbst auf Mikroebene zwischen einzelnen Individuen erzeugen Gier, Neid und Hass: eine verhängnisvolle Triade, die nur allzu oft zur Eskalation von Gewalt führt. An dieser Triade hat sich, ganzheitlich gesehen, im Verlauf der Menschheitsgeschichte kaum etwas verändert. Nur die Mittel zur Durchsetzung passten sich den jeweiligen Entwicklungsphasen an – von der Keule über das Schwert bis zu heutigen digitalisierten Drohnen und weltraumstationierten Überwachungs- und Waffensystemen. Und darauf ist man(n) auch noch stolz.

„Ich krieg die Krise ...“, ein beliebtes Wortspiel von Arbeitnehmern, wenn irgend etwas (Unbedeutendes) nicht so recht klappen möchte. Jetzt haben sie gleich zwei davon, nun aber so richtig gehaltvolle.

Die Klimakrise ist ein zeitlich über viele Jahrzehnte andauernder Prozess, der im Zuge der Globalisierung nach und nach alle Staaten der Erde betrifft. Infolge dieser permanent voranschreitenden Entwicklung bleiben panische Reaktionen der Bevölkerung noch aus. Schleichende Verläufe wie die Klimakrise werden von der Masse der Menschheit erst dann bewusst ernstgenommen, wenn sie zur unmittelbar wahrnehmbaren Katastrophe führen.

Von Klima bis Corona, (fast) alles ist global gesehen im Wachstum begriffen: Bevölkerung, Industrie, Handels- und Touristenströme, Wirtschaftsbeziehungen. Globalisierung heißt das vermeintliche Zauberwort.

Doch halt..... bis auf das Bevölkerungswachstum hielt der Wachstumswahn seit Ende Februar/Anfang März 2020 erdumfassend sukzessive inne: Ein kleines Virus bringt die „Weltordnung“ durcheinander. Weshalb? Weil es sich um eine neuartige, bisher nicht behandelbare Grippeerscheinung handelt, gegen die (noch) kein Kraut gewachsen ist. Hier wird sofort und panisch reagiert, weil die Coronakrise **relativ schnell und kurzfristig** an das Wertvollste geht, nämlich an die eigene Gesundheit und das eigene Leben.

Das macht die Klimakrise auch ... aber sehr langsam und für die Masse eher unbewusst, da es sich im Gegensatz zu Corona um einen **schleichenden, langfristigen** Prozess handelt, der deshalb vom Großteil der Menschen weniger dramatisch wahrgenommen wird.

Die engen ökonomischen Verflechtungen eben dieser Globalisierung riefen mikroskopisch kleine, unscheinbare Wichtelmännchen bzw. -weibchen mit dem verheißungsvollen und fast schon erotisch anmutendem Namen Corona auf den Plan und bremsten die Weltwirtschaft gekonnt und elegant aus.

Bezeichnenderweise traf es in allererster Linie die größten Wirtschaftsnationen Europas und Amerikas, während Asien mit dem seit geraumer Zeit aufstrebenden ökonomischen „Shooting Star" VR China, dem vermeintlichen Auslöser der Krise, im Großen und Ganzen verschont blieb. Zu Beginn von Corona noch die Problemländer, dann aber durch rasche und einschneidende Maßnahmen in den Hintergrund gedrängt, verlagerte sich das Geschehen von China, Südkorea, Japan und Co. in die „alte" und „neue" Welt. Nahezu machtlos und völlig überraschend wurden sie alle mit einem Schlag in eine tiefe Rezession gedrängt.

Wer hätte das Anfang 2020 noch irgendwo auf der Welt gedacht? Keiner! Selbst rechte Kleinredner des nachfolgend sichtbaren Problems wie US-Präsident Donald Trump, GB-Premier Boris Johnson und Brasiliens Präsident Jair Messias(!) Bolsonaro, allesamt blinde Verfechter ungezügelten Wirtschaftswachstums, mussten schließlich eine Kehrtwende ihrer sturen und stupiden Denkweise vornehmen und sich zwangsläufig mehr oder weniger den Gegebenheiten fügen.

Wirtschaftswachstum und übermäßiger Konsum ade ... Zeit der Besinnung? Für ein paar Wochen oder Monate (vielleicht) ja ... Und danach? Es wird mit an Sicherheit grenzender Wahrscheinlichkeit wie vor Jahresbeginn 2020 weitergehen, es pendelt sich nach und nach alles wieder ein: Wachstum, Konsum Gier ... Auf Wiedersehen bis zum nächsten modifizierten Virus oder sonstigen Globalisierungscrash! Denn wir wissen nicht, was noch kommt!

Unsere Globalisierungszeitreise beginnt mit dem Bevölkerungswachstum seit 1970, betrachtet dann die ökonomische Entwicklung der 15 größten Wirtschaftsnationen zwischen 1990 und 2020 unter Berücksichtigung des Bruttoinlandsproduktes der drei Wirtschaftssektoren Agrarwirtschaft, Industrie und Dienstleistungen, ihres Exportvolumens, ihrer Industrieproduktion und endet schließlich mit der Klima- und dem Paukenschlag der Coronakrise.

Klima und Corona: So unterschiedlich sie in ihrem zeitlichen Verlauf und ihren Auswirkungen auch sind, so haben sie zumindest eine Gemeinsamkeit. Es handelt sich in beiden Fällen um menschengemachte Ereignisse, die im Zuge der Globalisierung geboren wurden.

Entwicklung Bevölkerungswachstum

Bereits seit vielen Jahrzehnten nehmen die VR China und Indien mit weitem Abstand die ersten beiden Plätze der bevölkerungsreichsten Länder ein (vgl. Tabellen 1, 2 u. 3). Zwischen 1970 und 2020 holte Indien mit einem Zuwachs von knapp 150% China, das mit seiner Ein-Kind-Politik seit dem Ende der 1970er Jahre lediglich um 70% zulegte, fast ein. Indien wird bis zum Jahr 2023 die Volksrepublik überholen und dann das einwohnerstärkste Land der Welt sein. Zu diesem Zeitpunkt leben dann acht Millionen Menschen auf der Erde. Beide Staaten zusammen repräsentieren zur Zeit über ein Drittel der gesamten Weltbevölkerung und tragen dazu bei, dass Asien mit heute mehr als 4,5 Mrd. Menschen deutlich vor Afrika (1,3 Mrd.), Amerika (1,1 Mrd.), Europa (0,75 Mrd.) und Ozeanien (0,05 Mrd.) die mit Abstand meisten Bewohner hat. Der enorme Bevölkerungsdruck in Afrika wird bis zum Jahr 2100 aber aller Wahrscheinlichkeit nach dazu führen, dass der „schwarze Kontinent" Asien dann schon nahezu erreicht hat und damit das weitere Bevölkerungswachstum auf der Erde im Wesentlichen bewirkt.

Bevölkerungsreichste Länder

Von den gegenwärtig zehn **bevölkerungsreichsten** Staaten der Erde stieg zwischen 1970 und 2020 die Bewohnerzahl in Pakistan und Nigeria um das 3,5-fache, in Bangladesch, Mexiko, Indien, Indonesien und Brasilien um etwa das 2,5-fache. Die klassischen großen Industrienationen fallen hingegen im Ranking immer weiter zurück: Deutschland von Platz 9 auf 19, Großbritannien von 11 auf 22, Frankreich von 14 auf 21, Italien von 12 auf 23, Kanada von 27 auf 38, Japan von 7 auf 11 und Australien von 40 auf 53. Als einzige Ausnahme bleibt hierbei die USA mit einem Bevölkerungsanstieg von 60% auf Platz 3, wenn man den Zerfall der ehemaligen Sowjetunion (UdSSR) seit 1990 berücksichtigt (vgl. Tabellen 1 – 4).

Wachstumsstärkste Länder

Unter den zehn **wachstumsstärksten** Nationen sind sieben afrikanische und drei asiatische Länder vertreten. Sie weisen seit den letzten 50 Jahren mit Werten zwischen 230 und 380% die weltweit größten Zuwächse auf:

Uganda, Kenia, Sudan, DR Kongo, Tansania, Irak, Äthiopien, Pakistan, Nigeria und Afghanistan (vgl. Karte 1 und Tabelle 4). Dies erklärt sich durch die u. a. weltweit höchsten positiven Salden zwischen Geburts- und Sterberaten in Verbindung mit hohen Fertilitätsziffern. Hierbei ist anzumerken, dass aber auch in diesen Ländern das Bevölkerungswachstum in den vergangenen 15 Jahren nicht mehr so stark gestiegen ist wie in den Jahrzehnten zuvor.

Der Schwerpunkt des globalen Bevölkerungswachstums ist also vor allem in den ökonomisch schwachen Staaten Afrikas, West- und Südasiens sowie in Teilen von Süd- und Mittelamerika zu finden. In den reichen, klassischen Industrieländern stagniert die Bevölkerungszahl oder sie steigt nur leicht an. Aber die Globalisierungsmechanismen, also die Vernetzung sämtlicher menschlicher Interaktionen über alle Grenzen der Welt hinweg, verschärfen aufgrund der Ungleichverteilung globaler Ressourcen das Wohlstandsgefälle zwischen diesen beiden Ländergruppen. Ärmere Länder wachsen verhältnismäßig stark in ihrer Einwohnerzahl, die wohlhabenden hingegen vermehrt in ihem ökonomischen Potenzial. Die Schere des Pro-Kopf-Einkommens geht also immer weiter auseinander.

Globaler Bevölkerungszuwachs

Das „System Erde“ ist und bleibt nun mal ein geschlossenes System, es ist in Bezug auf seine räumliche Ausdehnung sowie auf seine sämtlichen Ressourcen begrenzt. Das Problem der Ungleichverteilung ist in diesem System also nur durch gerechte Umverteilung zu lösen.

Während seit Beginn der Menschheitsgeschichte bis zum Ende des 18. Jahrhunderts die Erdbevölkerung auf knapp 1 Milliarde Menschen anwuchs, dauerte es bis zur zweiten Milliarde nur noch 130 Jahre und seit Beginn der 1980er Jahre lediglich rund 10 Jahre für jede weitere Milliarde. Die Erklärungen dieser rasanten Zuwächse sind in der Industriellen Revolution des 18. und 19. Jahrhunderts mit umwälzenden wirtschaftlichen und sozialen Folgen, dem Fortschritt auf dem Gebiet des Gesundheitswesens, der industriellen Massenproduktion von Nahrungsmitteln und der „Grünen Revolution“ unter enormer Ausweitung und Intensivierung von Agrarflächen durch Dünger und Mittel zur Bekämpfung von Fruchtschädlingen seit den 1960er Jahren zu finden.

Seit der Jahrtausendwende erhöht sich der Zuwachs allerdings nur noch ungefähr alle 12 Jahre um eine Milliarde Menschen, bis etwa um das Jahr 2060 die Marke von annähernd 10 Milliarden Erdenbewohnern als Hochpunkt erreicht sein wird. Danach sinkt die Bevölkerungskurve infolge rückläufiger Geburtenraten. Es kommt somit zu einem Bevölkerungsrückgang mit einem Wert von knapp 9 Milliarden Menschen bis 2100. Intensivierte Bildungsmaßnahmen für Frauen und vermehrter Zugang zur Verhütung können als Gründe für diese Entwicklung angesehen werden.

Bemerkenswert und ebenso ein Beleg hierfür ist, dass der Einwohneranteil der jeweils 40 bevölkerungsreichsten Staaten an der gesamten Weltbevölkerung zwischen 1970 und 2020 leicht aber stetig zurückgegangen ist: 1970 betrug er 86%, 1990 waren es 85% und 2020 nur noch 82%. (vgl. Tabellen 1-3). Es wurde also in vielen Ländern reagiert und Maßnahmen zur Geburtenreduzierung wurden umgesetzt.

Ein Hoffnungsschimmer?

Megastädte

Die Erdbevölkerung wird, wenn auch langsamer, in den nächsten vier Jahrzehnten weiter wachsen und die meisten Menschen wollen nach heutigem westlichen Vorbild konsumieren. Das Bevölkerungswachstum in vielen Ländern der Erde ist somit eine wesentliche Ursache und ein Motor der komplex vernetzten Globalisierung, die Disparitäten und Krisen unterschiedlichster Art hervorruft.

Ein Beispiel hierfür ist die fortschreitende Verdichtung von Megastädten als Folge der Konzentration von Handel, Gewerbe und Industrie mit gutverdienenden Arbeitnehmern auf der einen Seite. Andererseits konzentrieren sich hier aber auch Armut und Verelendung in Slumgebieten, wo einst hoffnungsvoll aus vornehmlich ländlich strukturierten Gebieten zugezogene Migranten bestenfalls als ungelernte Tagelöhner auf der Strecke bleiben, unter menschenunwürdigen Wohnbedingungen leben müssen und keine Perspektive auf dauerhafte, ausreichende Entlohnung haben.

Nach UN-Angaben leben seit 2008 erstmals mehr Menschen auf der Welt in Städten als auf dem Land. Schätzungen zufolge wird dieser Anteil in den nächsten 30 Jahren auf fast 70 % ansteigen. Der Konsumsog und vermeintliche Möglichkeiten auf Arbeit und Verdienst ziehen die Leute an wie die Mücken zum Licht. Als Folge dieser (Sub-) Urbanisierung bilden sich dann sukzessive Megastädte heraus, „Monsterstädte", die als Agglomerationen mit mehr als 10 Millionen Einwohnern definiert sind. Zwischen 2004 und 2014, also in nur einer Dekade, erhöhte sich die Anzahl solcher Megastädte weltweit von 22 auf 32, bis

2034 werden es fast 50 sein, wobei allein Asien mit 30 solcher Gebilde am stärksten vertreten sein wird.

Die fünf größten von ihnen werden dann in rund 25 Jahren Einwohnerzahlen von über 30 Millionen Menschen aufweisen: Delhi in Indien mit 43 Mio. (das entspricht der heutigen Bevölkerung von ganz Argentinien), Tokio mit 36 Mio., Shanghai mit 34 Mio., Dhaka in Bangladesch mit 31 Mio. und Kairo, das dann zumindest an der 30-Mio. Marke kratzt.

Erwerbsbevölkerung

Ein ganz anderes Problem zeigt sich hinsichtlich der demografischen Entwicklung auf großräumig globaler Ebene bei der Erwerbsbevölkerung: Während es in ganz Europa, Nordamerika und Ostasien, also dem Kern der potenten Wirtschaftsmächte, aufgrund der Überalterung bis 2030 anteilig deutlich weniger Erwerbspersonen als 40 Jahre zuvor geben wird, verläuft diese Entwicklung in allen anderen Erdregionen gegenläufig.

Hier geht eine weitere Schere auseinander, denn das zusätzlich entstehende Potenzial an Arbeitskräften können diese ärmeren bis armen Regionen mangels hinreichender Beschäftigungsmöglichkeiten in ihren schwachen Ökonomien nicht ausschöpfen. Verelendung und Perspektivlosigkeit großer Bevölkerungskreise wäre, wie am Beispiel der erwähnten Megastädte erwähnt, dort dann flächendeckend die logische Folge.

In den genannten reichen Regionen wird hingegen ein Mangel an Menschen im erwerbsfähigen Alter eintreten, was wiederum zu einer Verlängerung der Altersarbeitszeit und zur beruflichen Weiterqualifizierung älterer Erwerbspersonen führen könnte. Das wird aber bei weitem nicht ausreichen, um ganzheitlich die entstehende Lücke zu schließen.

Eine mögliche Lösung beider Probleme wäre ein Ausgleich in Form der Migration von arm zu reich. Globalisierung in diesem Sinne würde jedoch einerseits die wirtschaftliche Entwicklung in den betroffenen Entwicklungsländern hemmen und stieße andererseits wohl auf den vehementen Widerstand rechter und rechtsradikaler Kreise in den wohlhabenden Aufnahmeländern mit den bekannten innenpolitischen Auswirkungen. Außerdem kommen die Aufnahmekapazitäten in jedem dieser Länder aus sozioökonomischen Gründen irgendwann an ihre Grenzen. Auf lange Sicht gesehen wäre dies also nur eine kurzsichtige Notlösung.

Ökonomische Entwicklung

Eine weitere Ursache der Globalisierung ist zugleich deren elementarer Antrieb. Gemeint sind die globalen Wirtschaftsprozesse mit ihren temporären Verläufen des Bruttoinlandsprodukts, der Verhältnisse der drei Wirtschaftssektoren Landwirtschaft, Industrie und Dienstleistungen untereinander als Maß der Dynamik einer Volkswirtschaft, der Entwicklung des Exportvolumens sowie des Verlaufs der Industrieproduktion. Dies alles veranschaulicht an den gegenwärtig 15 größten Wirtschaftsnationen auf der Erde. Es handelt sich dabei um folgende Staaten nach der Höhe ihres absoluten Bruttoinlandsprodukts kurz vor der Coronakrise:

USA, VR China, Japan, Deutschland, Indien, Großbritannien, Frankreich, Brasilien, Italien, Kanada, Russland, Südkorea, Australien, Spanien und Mexiko.

Absolutes Bruttoinlandsprodukt (BIP)

Die 15 größten Volkswirtschaften, gemessen an ihrem absoluten BIP, vereinigten im Jahr 1990 mit einem Anteil von 60% der Weltbevölkerung drei Viertel der gesamten globalen Wirtschaftsleistung, die rund 20 Billionen Euro betrug. Der Schwerpunkt der räumlichen Verteilung lag dabei in Nordamerika (USA), Europa (Deutschland, Frankreich, Großbritannien, Italien) und Ostasien (Japan) (vgl. Tabelle 5, Karte 2).

Im Jahr 2020 sah es dann so aus, dass auf diese Staaten nur noch 54% der gesamten Weltbevölkerung und 70% der Wirtschaftsleistung entfiel (vgl. Tabelle 6, Karte 3). Die ökonomische Macht der größten Wirtschaftsnationen hat sich im Verlauf der letzten 30 Jahre gegenüber der restlichen Staaten aber weder abgeschwächt noch ist sie unverändert geblieben, wie es anhand der Prozentwerte auf den ersten Blick scheinen mag. Der Unterschied ist vielmehr deutlich angewachsen, wenn man die reinen Geldwertzuwächse (und davon lebt der Mensch) beider Gruppen zwischen 1990 und 2020 miteinander vergleicht: Bei nur wenig mehr als der Hälfte der Erdbevölkerung hatten die Top-15 ein Plus von 41 Billionen €, die anderen Länder zusammen lediglich einen Zugewinn von 19 Billionen € erzielt.

Aber auch innerhalb der größten Wirtschaftsnationen sind die Unterschiede gravierend. So hat sich die Vormachtstellung der USA nicht nur manifestiert. Sie ist gegenüber Japan, Deutschland, Frankreich, Italien und Großbritannien, gestiegen. Gegenüber der VR China, die nun die zweite ökonomische Geige auf der Welt spielt, hat sie sich hingegen deutlich verringert, obgleich der Abstand auch hier noch immer groß ist.

Es ist also kein Wunder, dass die Amerikaner, insbesondere unter Trump, gerade die VR China wirtschaftspolitisch massiv unter Beschuss nehmen. Wer einem so dicht auf die Pelle rückt, muss nach dem ideologischen Wahn dieses Präsidenten eben „bekämpft“ werden. Der Gedanke an „America first“ ist nicht erst durch ihn entstanden; er spricht ihn im Gegensatz zu anderen führenden Repräsentanten der USA nur offen aus und spitzt ihn ungeniert zu. Und seine europäischen Wirtschafts- und Waffenbrüder? Die rühren sich leicht verschüchtert, kuschen aber, wenn es wirklich ernst wird. Dann ist er wieder ein ganz normaler „Mr. President“.

Die Ungleichverteilung der erwirtschafteten Bruttoinlandsprodukte **innerhalb** der einzelnen Länder auf der Welt bleibt von diesen Ergebnissen allerdings unberührt und steht auf einem ganz anderen Blatt. Vom „Big-Mac-Index“ bis zum „Happy Planet Index“ gibt es zahlreiche sogenannte „Wohlstandsindikatoren“. Innerstaatliche Disparitäten der Einkommensverhältnisse drückt der „Gini-Koeffizient“ am besten aus. Von den hier betrachteten TOP-15-Nationen schnitten in den Jahren 2014 bis 2017 Deutschland, Südkorea, Frankreich, Großbritannien, Japan, Kanada und Australien mit Werten zwischen 30 und 35% trotz auch dort bestehender großer Unterschiede am besten ab. Die USA, VR China, Mexiko und Brasilien lagen zwischen 40 und 50% am Ende dieser 15er-Skala. (Vergleich: Tschechien mit dem ausgeglichensten Wert: 25%, Südafrika mit der größten Ungleichheit: 63%; Durchschnitt Welt gesamt: 39%).

Relatives Bruttoinlandsprodukt

Bei der Wirtschaftsleistung pro Kopf der Bevölkerung eines Staates lag die USA unter den 15 größten Ökonomien sowohl 1990 als auch 2020 an der Spitze und verzeichnete innerhalb dieses Zeitraums einen Zuwachs von 190%, also mit 55.000 € pro Einwohner fast das Dreifache. Wie beim absoluten BIP nimmt Deutschland mit einer Verdopplung gegenüber 1990 (40.000 €/Ew) auch hier gegenwärtig Rang 4 ein.

Die größten Zuwächse hatten die VR China mit über 3000 (!) % (8.100 € / Ew), Indien mit 840 % (1.800 € / Ew) und Südkorea mit 330 % (26.000 € / Ew). Das ist nicht verwunderlich, da insbesondere China und Indien aufgrund ihrer hohen Bevölkerungszahl einen immensen Nachholbedarf haben. Aus diesem Grund liegen sie im Ranking der betrachteten Gruppe auch nur auf Rang 13 und 15 (vgl. Tabelle 7, Karten 4 und 5). Beide Länder haben in diesen 30 Jahren den Vorsprung der Vereinigten Staaten aber immerhin signifikant verringern können, vom 70- auf das („nur noch") 7-fache (VR China) und vom 100- auf das 30-fache (Indien).

Alle 15 betrachteten Staaten blieben prozentual gesehen mit den anderen Nationen auf gleichem Abstand. Aber auch hier legten sie, ausgedrückt in realen Euro-Werten, in den letzten 30 Jahren erheblich zu: Während die TOP-15 den pro-Kopf-Wert des BIP um 8.600 € steigerten, waren es bei den restlichen Ländern mit 4.300 €. nur die Hälfte.

Es gibt natürlich auch noch Länder, die eine höhere relative Wirtschaftsleistung als die Amerikaner, Kanadier, Deutschen, Franzosen, Briten oder Japaner aufzuweisen haben. Es handelt sich dabei um wirtschaftlich relativ starke Nationen mit hoch entwickelten Industriesparten sowie guter Infrastruktur und weitreichend ausgebildetem Dienstleistungssektor unter verhältnismäßig geringerer Bevölkerungszahl von weniger als 10 Millionen Einwohnern.

Von Zwergstaaten wie Liechtenstein oder Monaco abgesehen sind dies beispielsweise die Schweiz (gegenwärtig 77.000 € je Einwohner), Norwegen, Dänemark und Luxemburg, aber auch monoindustriell strukturierte, erdölfördernde und dadurch von der Nachfrage und den Weltmarktpreisen sehr abhängige Länder wie Katar. Das sind dann die **0,3 %** der „reichsten" Bewohner des Planeten, die dünne Speerspitze der globalen Wohlstandspyramide, wobei natürlich auch dort jeweils mehr oder weniger ausgeprägte innerstaatliche Disparitäten unter der Bevölkerung vorhanden sind.

Wirtschaftssektoren – Wirtschaftsindikator W

Ein Indikator für den Entwicklungsstand einer Volkswirtschaft kann durch die Anteilsverhältnisse zwischen den drei Wirtschaftssektoren Landwirtschaft (primärer Sektor, Industrie (sekundärer Sektor) und Dienstleistungen (tertiärer Sektor) ermittelt werden. Diese Sektoren sind einerseits in Form der jeweiligen Anteile am BIP, andererseits aber auch durch die entsprechenden Beschäftigtenanteile ausdrückbar.

Geringe Werte in der Landwirtschaft, mittlere im industriellen und hohe im tertiären Bereich lassen in aller Regel auf eine höher bis hoch entwickelte Volkswirtschaft schließen. Wenn diese Verhältnisziffern in Form der BIP- und Beschäftigtenanteile zusammengefasst werden, ergibt sich ein Wirtschaftsindikator W, der den allgemeinen ökonomischen Entwicklungsgrad eines Staates greifbarer macht.

Die gegenwärtigen Verhältnisse der 15 größten Wirtschaftsmächte untereinander veranschaulicht Karte 6.

In den Tabellen 5 und 6 sind diese Wirtschaftsindikatoren für die größten Ökonomien der Jahre 1990 und 2020 ausgewiesen sowie auch die hierfür als Grundlage dienenden Verhältnisziffern zwischen den jeweiligen Wirtschaftssektoren. Tabelle 8 zeigt schließlich die Veränderungen zwischen 1990 und 2020.

Sowohl 1990 als auch 2020 lag das industrielle Geburtsland Großbritannien an der Spitze des Rankings. Deutschland verdrängte die USA mit einer annähernden Verdreifachung seines Indikators von Rang 2 auf 3. Es folgen Frankreich, Kanada, Australien und Italien mit etwaigen Verdopplungen der Zuwächse (vgl. Tabelle 8). Signifikant sind die Zuwächse der drei dominanten asiatischen Wirtschaftsmächte Japan, Südkorea und VR China mit gerundeten fünffachen Indikatorwerten. Dies zeigt den Unterschied zwischen den „old-fashioned“, klassischen europäischen und angelsächsischen Industriestaaten einerseits sowie den später aufkommenden asiatischen Ländern mit Nachholbedarf auf.

Absolutes Exportvolumen

Globalisierung und Außenhandel – zwei Begriffe, die untrennbar miteinander verknüpft sind und das Verteilungsgefüge von Armut und Reichtum auf der Welt wesentlich beeinflussen. Das Fähigkeit eines Staates, mit seinen Waren und Dienstleistungen auf dem Weltmarkt konkurrenzfähig zu sein, spielt eine Schlüsselrolle für seinen Entwicklungs- und Wohlstandsindex.

Beim absoluten Exportvolumen hatten die TOP-15-Nationen 1990 einen Anteil von mehr als zwei Drittel am Weltmarkt, der sich bis 2020 allerdings auf 60% verringerte (vgl. Tabelle 9). Hier wirkt sich das Wachstum der Opec-Staaten auf dem Erdölsektor sowie das der bereits im Abschnitt „Relatives Bruttoinlandsprodukt" erwähnten kleineren Industriestaaten wie der Schweiz, der skandinavischen Länder, aber auch Österreich, der Benelux-Staaten sowie der südostasiatischen „Tigerstaaten" aus, welche in hohem Maße exportorientiert sind.

Trotzdem bringen auch in diesem Fall die monetären Differenzwerte zwischen 1990 und 2020 wiederum verhältnismäßig große Unterschiede ans Licht: TOP-15 + 7.700 Mrd. €, die restlichen Staaten + 5.500 Mrd. €.

Innerhalb der betrachteten 15er-Gruppierung hat die VR China zwischen 1990 und 2020 mit seinem Ausfuhrzuwachs des 32-fachen (2,3 Bio. €) den ehemaligen Exportspitzenreiter USA (1,4 Bio. €) mit weitem Abstand von Platz 1 verdrängt. Deutschland ist knapp dahinter weiterhin Dritter mit Exportwerten von insgesamt 1,3 Bio. €. Wiederum großen Abstand haben danach Japan, Südkorea,

Frankreich, Italien und Großbritannien mit Ausfuhrwerten zwischen 400 und 630 Mrd. €. Von diesen fünf Ländern hat Südkorea seit 1990 den größten Sprung von Platz 9 auf Platz 5 vollzogen (+ 750%). Mexiko und Indien verzeichneten in diesen 30 Jahren Zuwächse vom 17- beziehungsweise 13-fachen (vgl. Tabelle 9, Karten 7 und 8) und liegen mit dieser Entwicklungsdynamik lediglich hinter der VR China. Insbesondere das vorhandene, noch auszuschöpfende Potenzial Indiens ist zukünftig von besonderer Bedeutung.

Die Struktur der ausgeführten Waren dieser Länder ist vielfältig. Sie umfasst im Falle der „klassischen" großen Industriestaaten USA, Kanada, Großbritannien, Deutschland, Frankreich, Italien und Japan vornehmlich Erzeugnisse der Schlüsselindustrien des Maschinenbaus, der Elektrotechnik und Elektronik, des Kraftfahrzeugbaus und der Produktion von chemisch-pharmazeutischen Waren, welche in den genannten sieben Ländern bereits 1990 die Hauptexportgüter waren und auch heute noch immer sind.

In den anderen acht Staaten hat sich (mit Ausnahme Russlands und Australiens) die Exportstruktur grundlegend verändert. So ist der rasche Aufstieg der VR China von einem Entwicklungsland zur heute mit Abstand führenden Ausfuhrnation damit zu erklären, dass die Hauptexportgüter zu Beginn der 1990er Jahre noch Textilien, Garne und Lebensmittel waren, während es heute durchaus konkurrenzfähige Spitzentechnologien der genannten Schlüsselindustrien sind.

Im Gegensatz dazu hat sich in Russland nur wenig bewegt. Heute wie damals sind dort sekundäre Brennstoffe und die Petroindustrie die dominanten Exportgüter. Produkte des Maschinen- und Fahrzeugbaus oder beispielsweise der Elekrotechnik/Elektronik nehmen für den Export nur eine marginale Stellung ein. Sie werden hauptsächlich für die heimischen Märkte produziert. Die langfristigen wirtschaftspolitischen Ansätze und Schwerpunkte beider Staaten unterscheiden sich also grundlegend. Hierbei hat Russland nach dem Zerfall der Sowjetunion vielleicht den eher falschen Weg gewählt.

In den verbleibenden Top 15-Staaten erfolgte ein mehr oder weniger großer Schub von Rohstoffen hin zur Nahrungsmittelindustrie und Kohle, Textilien und Bekleidung bis zu den oben aufgeführten Schlüsselindustrien, wobei letztere in Mexiko und Spanien die wichtigsten Ausfuhrgüter darstellen. In Australien hingegen liegt der Schwerpunkt auf Bergbauprodukten wie Kohle sowie auf Nahrungsmitteln. Indiens Hauptexportzweig ist mittlerweile die Petrochemie, welche Textilien und Bekleidung auf die zweite Position verdrängt hat. Aber auch hier holen die „höherwertigeren“ Industriezweige rasch auf.

Relativer Export

Beim Export pro Kopf der Bevölkerung eines Landes zeigt sich ein anderes Bild, das die wahre Leistungsfähigkeit einer außenhandelsorientierten Volkswirtschaft spiegelt. Alle 15 Ökonomien zusammen haben zwischen 1990 und 2020 ihr relatives Exportvolumen um knapp 4%, die anderen Staaten um gut 4% gesteigert. Die Wachstumsdynamik der TOP 15 verringerte sich damit nach Prozentwerten. Der Unterschied beim rein monetären Pro-Kopf-Zuwachs ist jedoch deutlich: Einem Plus von 1.700 € jener 15er- Gruppe steht lediglich ein solches von 1.370 € entgegen (vgl. Tabelle 10).

An dieser Entwicklung hat auch die VR China als größter Zuwachsgewinner mit dem 28-fachen des Wertes von 1990 großen Anteil, obgleich der Spitzenreiter beim absoluten Exportvolumen in dieser Kategorie nur auf dem 13. Rang unter den betrachteten Nationen liegt; ein ähnlicher Verlauf wie beim Entwicklungsverhältnis zwischen dem absoluten und relativem Bruttoinlandsprodukt. Der Aufholprozess Chinas zur anderen ökonomischen Supermacht USA gestaltet sich in dieser Hinsicht aufgrund der deutlich höheren Bevölkerungsanzahl also logischerweise nicht ganz so einfach.

Deutschland kann sich in dieser Kategorie getrost als Exportweltmeister vor Kanada bezeichnen, daran hat sich auch im Verlauf der letzten 30 Jahre nichts geändert. Allerdings mit dem Unterschied, dass sich der Abstand beider Ausfuhrwerte deutlich vergrößert hat (vgl. Tabelle 10, Karten 9 und 10). Den größten Sprung nach vorne machte Südkora von der 8. auf die mittlerweile 3. Position, nach hinten fielen Großbritannien (von 4 auf 8 und Frankreich (von 3 auf 6).

Und die USA? Sie dümpeln hier im unteren Mittelfeld auf Rang 10 vor Mexiko, Russland, der VR China, Brasilien und Indien; immerhin noch Vize-Meister auf dem Kontinent Amerika. Ein Teil der potenziellen US-amerikanischen Ausfuhrgüter und Dienstleistungen findet auf dem Weltmarkt offensichtlich nicht die erwünschte Berücksichtigung. Ähnlich erging es Japan, das drei Plätze von 6 auf 9 einbüßte. Wunder gibt es also doch immer wieder.

Absolute Industrieproduktion

Ohne hinreichende industrielle Infrastruktur als wirtschaftliche Basis ist nur in den Ländern Wirtschaftswachstum alleine durch den Dienstleistungssektor möglich, die zumindest indirekt von der Güterproduktion in den Industriestaaten profitieren. So braucht beispielsweise die Dienstleistung eines Friseurs Haarschneidemaschinen, Scheren und dergleichen, die industriell hergestellt und gegebenenfalls importiert werden müssen. Eine Kfz-Werkstatt für die Reparatur von Kraftfahrzeugen benötigt hierzu die entsprechenden Werkzeuge und Ausrüstungen zur Erbringung ihrer Dienstleistung. Ein Immobilienmakler kann ohne vorhandene Kubaturen sein Geschäft nicht wahrnehmen, Sachversicherungen wären ohne versicherbare Sachen (z.B. Autos, Gebäude, Hausrat) neutralisiert. Kurz: Software ohne die notwendige Hardware als Unterbau wäre bedeutungslos. Praktisch jede Dienstleistung ist direkt oder zumindest über Umwege an Warenproduktion gekoppelt.

Die meiste Industrieproduktion entfiel 1990 mit einem Wert von mehr als 1,5 Billionen Euro auf die USA vor Japan (knapp 1 Bio. €) und Deutschland (0,56 Bio. €). Bei der Abfolge dieser drei führenden „G-7 Staaten“ blieb es auch 30 Jahre später, allerdings mit dem Umstand, dass die VR China mit 4,6 Bio. € und einem Zuwachs des 35-fachen Wertes von 1990 nun den Spitzenplatz übernahm (vgl. Tabelle 11, Karten 11 und 12). Bemerkenswert ist auch der zehnfache Zugewinnsprung Indiens vom letzten Platz dieser Gruppe auf Rang 5.

Vier Länder (VR China, USA, Japan und Deutschland) erreichten bzw. überschritten bis 2020 die Grenze von einer

Billion Euro bei der Erzeugung ihrer industriellen Produkte und erreichten damit mit 45% fast die Hälfte aller globalen Industrieerzeugnisse. 1990 lag dieser Anteil bei etwa dem gleichen Wert. An der Dominanz einer Handvoll Staaten hat sich also – bis auf einige interne Verschiebungen – innerhalb der letzten drei Jahrzehnte nichts geändert.

Mit über 10 Milliarden Euro Zuwachs seit 1990 haben wiederum die Top-15-Nationen die Nase gegenüber den restlichen Ländern, die knapp 6 Milliarden Euro erreichen, weit vorn. Diese Werte der Industrieproduktion entsprechen einem Wachstum von fast 350 Mio. € bzw. 200 Mio. € im Durchschnitt für jedes dieser 30 Jahre. Und das alles, um den stetig steigenden Bedarf einer immer breiter werdenden dekadent-bourgeoisen Gesellschaftsschicht nach mehr und mehr Konsum- und völlig unnötigen Luxusgütern decken zu können.

Es versteht sich also von selbst, dass der dadurch entstandene gesamtglobale Auswurf von Treibhausgasen allein in diesem Zeitraum Dimensionen erreicht hat, welche die Belastungsfähigkeit der Erdatmosphäre mittlerweile nicht nur erreicht, sondern bereits bei weitem überschritten hat. Es stößt in den Ohren vieler Ökonomen und Technokraten auf vehementen Widerstand, ist jedoch ein Fakt: Ungebremstes, grenzenloses Wirtschaftswachstum im Rahmen der Globalisierung ist auf Dauer und mit Sicht auf die Klimakrise sowie die Ressourcenschonung nicht möglich.

Relative Industrieproduktion

Es ist klar, dass in einem Staat mit verhältnismäßig vielen Einwohnern deren elementare Bedürfnisse mehr ökonomisches Potenzial erfordern als in solch einem mit weniger Bewohnern. Es sei denn, man ist der Ansicht, dem eigenem steht aus Gründen der Eitelkeit, Selbstsucht, Ignoranz oder des Geltungsbedürfnisses mehr zu. Insofern ist insbesondere auch die Betrachtung der Herstellung industrieller Produkte pro Kopf der Bevölkerung von Relevanz.

Sämtliche G-7 Staaten, also die nach (noch) heutigem Muster definierte Gruppe der (ehemals) größten sieben Industrienationen, nahmen hierbei zusammen mit Australien, Südkorea und Spanien sowohl 1990 als auch 2020 mit Zuwächsen zwischen einem und vier Prozent unter den TOP-15-Nationen die ersten 10 Plätze ein (vgl. Tabelle12, Karten 13, 14). Japan führte diese Länder 1990 vor Deutschland an, das heute an erster Stelle steht. Die VR China ist auch in diesen Fall in ihrer Entwicklungsdynamik mit der einzigen zweistelligen Produktionssteigerung von 27% herausragend. Zur G-7-Gruppe besteht jedoch immer noch ein erheblicher Unterschied.

Alle 15 Staaten zusammen haben in den letzten 30 Jahren ihre Industrieproduktion pro Kopf der Bevölkerung um 2.110 Euro gesteigert. Die verbleibenden Länder mit knapp der Hälfte der Weltbevölkerung erreichten dagegen nur ein Plus von 1.180 Euro, wobei diese, im Falle der Gütererzeugung, sogar prozentual zurückliegen. Es deutet sich also spätestens hier an, wer seit Beginn der Industriellen Revolution die volle Verantwortung, und im Verlauf der letzten drei Jahrzehnte die Hauptverantwortung und für die Klimakrise trägt.

Dies wird vor allem dadurch deutlich, wenn man bei der relativen Industrieerzeugung die bevölkerungsreichen und 1990 wirtschaftlich noch schwachen Länder VR China und Indien außen vor lässt. Dann erhöht sich der Zuwachs der restlichen 13 Staaten mit nur 18% der Weltbevölkerung von 4.000 € auf 6.900 € um 2.900 Euro pro Einwohner, während der große „Rest" von 600 € auf 2.100 € nur um 1.500 Euro angewachsen ist. Der rein prozentuale Anstieg ist, wie bereits vorstehend erwähnt, in diesem Kontext nicht aussagekräftig.

Entwicklungsvergleich kleiner und großer Volkswirtschaften

Eine Gegenüberstellung der 15 Staaten ab 25 Millionen Einwohner mit weniger als 100 Mrd. Euro absolutem Bruttoinlandsprodukt (2019) mit denen der untersuchten 15 größten Volkswirtschaften mit mehr als einer Billion erwirtschaftetem BIP soll Aufschluss über den Unterschied der Entwicklungsverläufe beider Gruppen geben. Es handelt sich gewissermaßen um einen (bedingten) Vergleich zwischen den starken und schwachen Ökonomien auf der Erde.

Bei den betrachteten wirtschaftlich schwächeren Nationen (hier: K15-Staaten) handelt es sich um elf afrikanische (Niger, Madagaskar, Mosambik, Uganda, Kamerun, DR Kongo, Côte d`Ivoire, Ghana, Tansania, Kenia, und Äthiopien) sowie vier asiatische (Jemen, Afghanistan, Nepal und Myanmar) mit gegenwärtig zusammen 675 Millionen Einwohnern (1990: 325 Mio.) und einem Bruttoinlandprodukt von insgesamt 522 Mrd. Euro (1990: 68 Mrd. €) – (vgl. Tabelle 13).

Von diesen Ländern verfügen insbesondere der Niger, Madagaskar, Mosambik und die Demokratische Republik Kongo selbst heute noch über ein BIP pro Einwohner von weniger als 500 Euro im Jahr. 30 Jahre zuvor lagen diese Werte teilweise sogar noch im zweistelligen Bereich (vgl. Karten 15 und 16).

Daraus resultiert ein etwaiges Durchschnittseinkommen von 30 bis 40 € im Monat. Berücksichtigt man zudem die Ungleichverteilung der Höhe der entsprechenden Einkommen, dann ist leicht auszumachen, dass der Großteil der

Bevölkerung extrem schwierigen Lebensbedingungen ausgesetzt ist. Dieser Teil der ärmsten Entwicklungsländer (zu denen sich noch weitere aus Afrika und Asien mit weniger als 25 Millionen Einwohnern gesellen) hatte natürlich auch sein Wachstum, das prozentual das der reichen Staaten weit übersteigt. Die Armut aber bleibt wiederum unter Betrachtung der realen Differenzwerte in Währung weiter bestehen. Wo wenig ist, kommt eben wenig dazu, der Nachholbedarf ist immens und kaum zu schaffen.

Beim konkreten Vergleich beider 15er Gruppen, die zusammen fast zwei Drittel der Weltbevölkerung ausmachen, offenbart sich folgendes Bild: Die ärmeren Länder konnten ihr geringes relatives BIP fast vervierfachen, während die reicheren ihren Reichtum „nur“ annähernd verdreifachten.

Aber: Die großen Wirtschaftsnationen erzielten von 1990 bis zum Beginn 2020 einen reinen Zugewinn von 8.600 € pro Einwohner, während die hier aufgeführten armen Staaten lediglich 560 €/Ew verbuchten. Das restliche Drittel der Weltbevölkerung hatte lediglich ein Plus von insgesamt 4.200 €/Ew.

Horizontal gesehen und mit anderen Worten: Der Unterschied beider 15er Gruppen betrug 1990 noch 4.490 € pro Einwohner, Anfang 2020 lag er bereits bei 12.530 €/Ew.

Diese Verhältnisse ergeben sich, obwohl Indien mit seinen mehr als 1,3 Milliarden Einwohnern den TOP-15-Nationen als deren (wirtschaftlich gesehen) noch deutlich schwächstes Glied hinzugerechnet wurde.

Die Schere zwischen arm und reich hat sich in diesen 30 Jahren also gewaltig geöffnet und das Unterschiedsgefälle im wahrsten Sinne des Wortes verschärft.

Und genau dieser Umstand, der im Zuge der Globalisierung eingetreten ist, führt zu den erwähnten Disparitäten und damit zu Rivalitäten, Kriegen und nicht enden wollenden Flüchtlingsströmen.

Das liegt nicht zuletzt auch an unfairen Handelsbeziehungen zwischen den reichen und armen Ländern, die zu Abhängigkeiten dieser von jenen führen. Dies wird am Beispiel Kenias deutlich, das unter den in Tabelle 13 aufgeführten K-15-Staaten den größten Sprung beim BIP/Ew vollzogen hat. Kenia führt in großem Stil vor allem Frischwaren (Blumen, Obst, Gemüse, Fisch etc.) in die EU und andere Industriestaaten aus. Die Vorgaben dieser Länder für möglichst nachhaltig erzeugte Produkte zwingt die ostafrikanischen Erzeuger, diese Standards (z.B. den Einsatz von nichtchemischen Schädlingsbekämpfungsmitteln oder eine obligatorische Prüfung auf einwandfreiste Qualitäten) einzuhalten.

Das heißt, dass für den ausländischen Markt kostenintensiv produziert werden muss, um den jeweiligen Anspruchsvorgaben der reichen Empfänger hinreichend entsprechen zu können. Die Leidtragenden sind dann in aller Regel große Teile der einheimischen Bevölkerung, die sich mit der minderwertigeren, teils auch ungesünderen Ware begnügen und für ihre Verhältnisse auch noch teuer bezahlen müssen.

Anders ausgedrückt: Die wirtschaftlich Starken diktieren den Schwachen ihre Bedingungen, an die sie sich halten müssen, um ihr ökonomisches Leistungsvermögen steigern zu können. Mit teils fatalen Folgen für die eigene Bevölkerung.

Eine weitere Folge des durch die Globalisierung hervorgerufenen ökonomischen Ungleichgewichts und des Leistungsdrucks der Armen im Handelsgeschäft mit den Industrienationen ist die Kinderarbeit in vielen Entwicklungsländern.

In Kenia sind es mehrere Hunderttausend Kinder, die größtenteils in der Landwirtschaft auch für den Export arbeiten müssen. Sie verdienen damit ein geringes Zubrot um ihren Familien zu helfen, über die Runden zu kommen.

In der DR Kongo arbeiten mehrere zehntausend Kinder unter Lebensgefahr u.a. im Kobaltbergbau. Kobalt ist ein Metall, welches für die Herstellung von stromspeichernden Akkumulatoren in Handys, Laptops, Elektroautos und dergleichen – also den Gütern, die die weltweite Digitalisierung und nachhaltige Mobilität ermöglichen sollen – benötigt wird. Die Hälfte des globalen Kobaltabbaus entfällt auf diese zentralafrikanische Republik. Den Kfz-Herstellern in Europa, Amerika und Ostasien ist der Einsatz von Kindern in vielen kleineren Minen durchaus bewusst. Abhilfe findet jedoch kaum statt.

Jedes Jahr ein neues, noch cooleres Handy, alle zwei Jahre ein neues Laptop, alle drei Jahre ein stylisheres (E-) Auto: Für deutsche, japanische, amerikanische, koreanische oder chinesische IT- und Mobilitätsprodukte buckeln, anstatt zur Schule gehen zu können – auch das ist ein Ergebnis der Globalisierung.

Ein Blick aus einem anderen Winkel verdeutlicht die globale Disparität zwischen arm und reich auf folgende Weise:

Nimmt man Indien als schwächstes (BIP/Ew) und gleichzeitig bevölkerungsreiches Glied aus dem Kreis der TOP-15-Nationen heraus, dann beläuft sich der Zugewinn der verbleibenden 14 Staaten nicht mehr nur auf 8.600 sondern sogar auf 12.100 € BIP/Ew. Über diesen Wert verfügte Anfang 2020 ein Anteil von 37% der Weltbevölkerung, die anderen 63% (mit Indien) lediglich über 5.400 € BIP/Ew., ein Unterschied von 6.700 Euro. Diese Differenz betrug im Jahr 1990 für die beiden Ländergruppen aber nur 3.650 Euro, ein Betrag, den damals vor 30 Jahren 57% (mit Indien) der Gesamtbevölkerung auf der Erde weniger zur Verfügung hatten als die größten 14 Wirtschaftsnationen.

Auch an diesem Zahlenbeispiel wird deutlich: Die globalen Einkommensunterschiede haben sich seit 1990 erheblich geweitet.

Um das Ganze auf die Spitze zu treiben dient ein Vergleich zwischen den sieben reichsten der größten Wirtschaftsnationen – auch besser bekannt unter dem Namen der G7-Staaten (allerdings ohne Italien, aber mit Australien) – und den K-15-Ökonomien aus Tabelle 13.

Beide Ländergruppen weisen gegenwärtig annähernd die gleiche Bevölkerungszahl (G7~741 Millionen gegenüber 675 Millionen) auf und bieten somit eine gute Vergleichsbasis. Es handelt sich hierbei also jeweils um rund 9% aus den obersten und untersten Einkommensschichten auf der Erde.

Während die ärmeren Nationen ihr Einwohnerpotenzial zusammengenommen seit 1990 mehr als verdoppelten, legten die G7-Staaten innerhalb der letzten 30 Jahren nur um 20% zu. Aber auch in dieser Hinsicht kann von einer Aufholjagd oder Verringerung des Wohlstandsgefälles nicht die Rede sein.

In diesem Fall wird die Entwicklung der Einkommensunterschiede sowie der monetären Zugewinne noch deutlicher:

	BIP/Ew. 1990	BIP/Ew. 2019	Zugewinn 1990-2019
G7-Staaten	18.700 €	44.800 €	26.100 €
K15-Staaten	210 €	770 €	560 €
Differenz	**18.490 €**	**44.030 €**	**25.540 €**

Betrug der **Unterschied** beider Gruppen 1990 noch knapp 19.000 Euro, so war er fast 30 Jahre später weit mehr als doppelt so hoch. Der **Zugewinn** der G7-Staaten lag gegenüber den K15-Staaten in diesem Zeitraum bei annähernd dem 50-fachen.

Diese Zahlen sprechen eine mehr als deutliche Sprache, wenn vom Auseinanderdriften der weltweiten Einkommensschere im Rahmen der Globalisierung die Rede ist. Unter Berücksichtigung der jeweiligen unterschiedlichen Kaufkraft in den einzelnen Nationen findet zwar eine Abmilderung der Verhältnisse statt, es ändert sich deshalb an der Grundaussage aber kaum etwas. Es bedeutet auch, dass Besucher beziehungsweise Touristen aus den reichen Staaten in den ärmeren Ländern sehr günstig einkaufen und Urlaub machen können. Umgekehrt ist das für die Masse der Bevölkerung jedoch völlig utopisch.

Globalisierungskrisen

Der Verlauf der Menschheitsgeschichte ist von zahlreichen kurz- und längerfristigen Krisensituationen in unregelmäßigen Zeitabständen geprägt. Der Begriff „Krise“ stammt aus dem Griechischen und bedeutet nichts anderes als „Entscheidung“. Ob (finanz-) politische, wirtschaftliche, kriegsbedingte, epidemisch/pandemische oder naturbedingte Krisen: Der Mensch hat sie, mit wenigen Ausnahmen, in aller Regel selbst verursacht und trifft nun Entscheidungen, diesen unpässlichen Ereignissen entgegenzutreten und einen Wendepunkt einzuleiten. Sofern dies gelingt, stellt sich ein gewisser Lerneffekt ein, der jedoch in Vergessenheit geraten kann. Das ist oftmals dann der Fall, wenn sich die Menschen nach Jahrzehnten oder gar Jahrhunderten der Ruhe in trügerischer Sicherheit wiegen und meinen, „so etwas“ könne nun überhaupt nicht mehr passieren. Dann passiert es aber doch wieder, das Spiel fängt von vorne an. Dann sollten sie wissen, was sie tun. Manchmal machen sie das auch und es geht gut aus. Manchmal wissen sie aber nicht, welche Folgen aus ihrem Tun resultieren. Das zeigt sich dann erst im Nachhinein.

Beispiel Klimakrise

Über den Klimawandel erschienen in den letzten beiden Jahrzehnten zahlreiche Publikationen pro und contra dieser Thematik. Davor war das in der breiten Öffentlichkeit kaum ein Thema. Auf rein wissenschaftlicher Ebene erfuhr die Befürchtung, dass anthropogene, also menschliche Einflüsse die Erderwärmung forcieren, erst im Verlauf der 1980er Jahre vermehrt Beachtung. Folglich wurde 1988 der IPCC, ein zwischenstaatlicher Ausschuss über den Klimawandel mit der Aufgabe gegründet, entsprechende Erkenntnisse aller führenden Klimatologen zu sammeln und zusammenzuführen. Erst Ende der 1990er Jahre wurde daraufhin das „Zwei-Grad-Ziel“ formuliert, bei dessen Überschreitung der globalen Erderwärmung um zwei Grad Celsius sogenannte „Kipppunkte“ erreicht werden, welche unumkehrbare negative Auswirkungen für die Lebensbedingungen auf der Erde (unter anderem das Abschmelzen der polaren Eiskappen mit der Folge des Anstiegs des Meeresspiegels und damit drohender Überflutungen in dicht besiedelten Küstenregionen) haben.

Mittlerweile besteht unter Klimatologen ein breiter Konsens darüber, dass der Klimawandel durch vom Menschen versursachte und ausgestoßene Treibhausgase wie Kohlendioxid oder Methan in Gang gesetzt worden ist. Seit in den drei Folgejahren 2014 bis 2016 jeweils neue Temperaturrekorde gemessen wurden, sind nun auch weite Teile der Öffentlichkeit sensibilisiert. Plötzlich eingetretener weltweiter Klimaaktivismus legt Zeugnis davon ab.

Es braucht seine Zeit, bis anthropogen ausgestoßene Treibhausgase, von denen das Kohlendioxid durch Verbrennung fossiler Brennstoffe wie Kohle Erdöl und Erdgas den überwiegenden Hauptbestandteil (~ 75 %) ausmacht, zu messbaren Werten der Erderwärmung führen (vgl. Squar, S. 15).

Mit ziemlicher Sicherheit kann die vor gut 200 Jahren einsetzende Industrielle Revolution mit ihren immer rascher und intensiver fortschreitenden CO_2- Emissionen bis zu den gegenwärtig andauernden Bemühungen zur Energiewende als Auslöser dieser Krise angesehen werden. 200 Jahre fast jeden Tag Treibhausgase von immer mehr miteinander konkurrierenden Ländern für Wohlstand und Luxus ... zu viel für die Belastbarkeit der Erdatmosphäre.

Auch Methan (CH_4) trägt mit einem Anteil von 15% nach Kohlendioxid als zweithäufigstes Treibhausgas zur Klimakrise bei. Mehr als die Hälfte des Ausstoßes in die Atmosphäre wird anthropogen verursacht, insbesondere durch intensive Viehwirtschaft und Verbrennung von Biomasse. Im Vergleich der Vorjahre zwischen 2000 und 2006 haben sich die gesamten Methanemissionen 2017 um fast 10% (= 50 Millionen Tonnen) erhöht, vor allem in Afrika, China und Australien durch Viehzucht und den USA infolge von „Fracking“ zwecks Erdöl- und Erdgasgewinnung.

Welche Länder haben diese Entwicklung zur heutigen Erkenntnis der Existenz des vom Menschen verursachten Klimawandels im Wesentlichen zu verantworten? Das lässt sich unschwer beantworten, wenn man einen näheren Blick auf Tabelle 14 wirft.

Der Klimawandel setzte ja nicht erst vor 10 oder 20 Jahren ein, er entwickelte sich sukzessive in immer schnellerem Tempo seit Beginn der erwähnten Industriellen Revolution. Es ist also notwendig, nicht nur die aktuellen Daten zu berücksichtigen, sondern vor allem auf die Entwicklung in der Vergangenheit zu schauen.

Die meisten CO_2-Emissionen im Jahre 1950 leistete die USA, die mit 20 Tonnen pro Einwohner einsam an der Spitze aller Länder lag. Der absolute CO_2-Ausstoß der Amerikaner belief sich damals auf einen Anteil von 48% (!) am weltweiten Gesamtwert. Es folgten die anderen großen angelsächsischen Staaten wie Kanada, Großbritannien (dem Ursprungsland der Industrialisierung) sowie Australien ... und Deutschland (vgl. Tabelle 14).

Die heutigen wirtschaftlich starken und großen ostasiatischen Länder Japan, China und Südkorea waren zu dieser Zeit bei der Verursachung derartiger Emissionen noch völlig bedeutungslos. Frankreich und Russland hingegen hatten bereits einen deutlich überdurchschnittlichen Anteil.

Auch 1970 stellten die großen westlichen Industrienationen und die damalige Sowjetunion mit gewaltigen Zuwächsen pro Kopf der Bevölkerung den Löwenanteil der CO_2-Emissionen, wobei nun insbesondere Japan, aber auch Italien dem „Club der Dino-Schädlinge" beitraten. Wie unschwer zu erkennen, handelt es ich dabei um den heutigen erlauchten Club der luxusverwöhnten G7-Staaten zuzüglich Australien und Russland.

Entwicklung der Anteile dieser neun Staaten am weltweiten absoluten CO_2.Ausstoß im Vergleich zu deren Anteilen an der Erdbevölkerung:

	1950	1970	1990	2018
CO_2 (%)	78	65	54	29
Einw. (%)	23	19	16	12
Weltweiter Ausstoß in Mrd. Tonnen:	6,6	15,8	22,7	37,9

Im Jahr 1950 erzeugten die großen Industrieländer mit knapp einem Viertel der globalen Bevölkerung mehr als drei Viertel des anthropogenes Kohlendioxids, 1970 waren es bei knapp einem Fünftel der Einwohner knapp zwei Drittel CO_2, 1990 bei gut der Hälfte des Ausstoßes 16% der Erdbevölkerung. Das entspricht in allen drei Fällen in etwa dem 3,5-fachen des Verhältnisses von Emissionen zur Einwohnerzahl.

Erst weit nach dem Beginn des neuen Jahrtausends verringerte sich dieser Unterschied durch die politisch gewollte Energiewende in einigen Industriestaaten (wie insbesondere auch in Deutschland) mit einem aber weiterhin deutlichen Missverhältnis: Gegenwärtig verursachen 12% der Bevölkerung auf der Erde annähernd 30% des dominanten Treibhausgases. Und: Was nützt die Energiewende in einigen Staaten wie Deutschland, die ihre Schäfchen vom Lebensstandard her gesehen schon lange im Trockenen haben, wenn die Emissionen global gesehen jedes Jahr permanent um mehrere hundert Tonnen steigen, weil die anderen Nationen mit ihrem (durchaus berechtigten) Nachholbedarf den Abstand zu den reichen Ländern verkürzen möchten?

Zur Verringerung des oben gezeigten Unterschieds in 2018 trug auch der enorme Anstieg der Emissionen der VR China bei, die zwischen 2005 und 2010 die bis dahin (im negativen Sinne) jedes Jahr mit weitem Abstand führenden USA überholte: 2018 war das mit 11 Mrd. Tonnen CO_2 bereits mehr als das Doppelte gegenüber den nun an zweiter Position liegenden Amerikanern. Jedoch: Umgerechnet auf den relativen Wert kehren sich die Werte genau um: Die USA mit 16 Tonnen pro Einwohner, die Volksrepublik mit der Hälfte davon (vg. Tabelle 14, Karten 17 und 18).

Die Aufholjagd und Gier nach Wachstum und Wohlstand anderer, ärmerer Nationen ist dem „Vorbild" des Reichtums der weitaus wohlhabenderen Länder geschuldet. Sie ist nachvollziehbar und durchaus berechtigt, wenn auch für das weitere Wohl des Planeten äußerst bedenklich. Den Klimawandel haben sie aber kaum verursacht. Den haben im Wesentlichen weniger als zehn von fast 200 Ländern mit heute noch nicht mal ganz einer Milliarde von rund acht Milliarden Menschen über Generationen hinweg zu verantworten.

Das Problem liegt in erster Linie bei dieser reichen Minderheit, die ihre gewohnte Lebensweise überdenken und „abspecken", auf allerlei (Luxus-) Güter verzichten muss. Es gibt kein unbegrenztes Wachstum, keine unbegrenzten Ressourcen, so wie es nach dem Energieerhaltungssatz auch kein Perpetuum Mobile gibt.

Digitalisierung hin, Energiewende und Klimawandel her ... Der Mensch und der Wandel seiner Lebensgewohnheiten, Verhaltensweisen sowie des absurd-intriganten zwischen- und innerstaatlichen, wirtschaftspolitischen, ethnischen und religiösen Konkurrenzwahns sind einzig der Schlüssel zu einer humaneren und gerechteren Welt.

Beispiel Coronakrise

Wie aus heiterem Himmel durchzog spätestens seit März 2020 eine Pandemie die Kontinente der Erde und setzte dem globalen Wirtschaftswachstum ein jähes Ende. Es war ein Virus mit grippeähnlichen Symptomen und Atemwegserkrankungen. Ein Aufschrei ging durch sämtliche Industrieländer mit der Folge von Maßnahmen, wie sie bereits vor 100 Jahren bei der Spanischen Grippe mit weltweit 30-40 Millionen Toten zumindest in Ansätzen betrieben worden sind: Kontakteinschränkungen bzw. -verbote, Abstandsregeln und zuletzt Maskenpflicht in bestimmten Bereichen des öffentlichen Lebens.

Erst eine im Vergleich zu damals wesentlich konsequentere Umsetzung dieser Regeln ermöglichte die insgesamt gesehen deutlich geringeren Todesraten. Die Folgen des Stillstands in fast allen Bereichen der Wirtschaft und Kultur sind aber fatal. Sie sind, um es mit einem seit einiger Zeit gerne benutzten, positiv belegten Begriff aus der Klimaproblematik und der Werbung auszudrücken, außerordentlich nachhaltig.

Dieses Virus offenbarte zunächst eine gewisse Panik, Ohnmacht und Hilflosigkeit, weil es weder Medikamente und Impfstoffe zur Eindämmung gab. Was konnten die Ärzte in den hoch entwickelten Ländern für betroffene Patienten tun? Außer dem Einsatz von Beatmungsgeräten, der Einhaltung von Hygieneregeln und dem Hoffen auf die Wirkung natürlicher Abwehrkräfte zur Gesundung so gut wie nichts.

Nachdem sich die Lage zumindest in Europa mehr oder weniger beruhigt hatte und Lockerungen der verbindlichen

Regeln eintraten, war, im Gegensatz zu vielen anderslautenden Äußerungen einzelner politischer Größen („... wir müssen uns in Zukunft bescheiden ...“ etc.), sofort wieder vom „Hochfahren“ der Wirtschaft die Rede, von Wirtschaftswachstum und Normalisierung der Lebensverhältnisse wie vor der Krise. Die teils aggressive Werbung so mancher Unternehmen in zahlreichen Medien trug ihren Teil dazu bei.

Es ist im Nachhinein dann aber wie immer auf allen Lebensebenen, von einzelnen Individuum bis hin zu ganzen Staaten oder Staatenbünden: Scheint die Gefahr gebannt, wird der Ton wieder kesser. Wir haben abermals gesiegt! Die Möglichkeit des Auftretens weiterer, noch gefährlicherer Epidemien und Pandemien durch andere, modifizierte Viren- und Bakterienarten ist jederzeit gegeben. Die Globalisierung mit ihrer vernetzten, sich immer schneller wandelnden Welt verstärkt diese Wahrscheinlichkeit, wie die Coronapandemie gezeigt hat. Dann beginnt alles wieder von vorne, Entwicklungsversuche wirksamer Medikamente, Impfstoffe ...

Ein Gesundheitssystem kann in keinem Land so hinreichend und effizient ausgebaut werden, um gegen unvorhersehbare Ausbrüche noch größeren Ausmaßes gefeit zu sein. Dafür hält die biologische Variabilität zu viele Unabwägbarkeiten bereit. Außerdem fehlen im fortwährenden ökonomischen Konkurrenzkampf der Nationen hierzu auf Dauer die notwendigen finanziellen Mittel. Ein radikales Umdenken in Hinsicht auf ebenso radikalen Konsumverzicht bleibt wohl Utopie.

Solch ein Umdenken wäre für die konsumverwöhnten Menschen in den reichen Industriestaaten, die den Klimawandel eingeleitet und als dessen Hauptverursacher angesehen werden können, in vielerlei Hinsicht absolut notwendig, schaut man außer auf die bedrohliche Klimakrise unter anderem auch auf das Leid der Tiere in den Schlachthöfen und auf die Transporte dorthin, auf die soziale Verelendung durch sinnlose Software bei der Mediennutzung, stetige Zunahme von Übergewicht und Adipositas in fast allen Altergruppen sowie allgemeiner Dekandenz und Ignoranz der Massen dieser im wahrsten Sinne des Wortes übersatten Gesellschaften.

Fingerzeig, Warnschuss vor den Bug oder Ironie des Schicksals? Die Coronakrise traf mit voller Wucht gerade die größten Industrieländer in Europa und Amerika mit Auswirkungen durch „Lockdowns“, die fast jeder zu spüren bekam. Rund drei Viertel aller bislang weltweiten Sars-CoV-2 Todesopfer entfallen auf die größten Industrienationen (vgl. Tabellen 15, 16 und 17, Karten 19, 20 und 21). Einschränkungen auf physischer und psychischer Ebene, welche noch Anfang 2020 als unvorstellbare „Freiheitsverluste“ von den meisten Bürgern und Politikern (entgegen des bekannten Werbeslogans eines japanischen Autobauers) nach dem Motto verlacht worden wären: „Bei *uns* ist so etwas unmöglich!“

Ergebnis Corona

Am 23.03.2020 verzeichneten die 15 größten Wirtschaftsnationen 83% der weltweiten Coronatoten, genau drei Monate später waren es im Rahmen der Lockerungen 80% und am 30.06.2020 dann noch immer 70%.

Unter Ausschluss von China und Indien als bevölkerungsreichste Länder lag die relative Verstorbenenzahl für die restlichen 13 Wirtschaftsmächte am 23.03.2020 bei 71 Toten pro 10 Millionen Einwohner, das entspricht dem 3,4-fachen Wert für die ganze Erde, drei Monate später bei 2.455 (4-facher Wert) und am 30.09.2020 bei 4.631, dem 3,5-fachen des weltweiten Betrages. Nimmt man noch die kleineren europäischen Industrienationen wie Belgien, die Niederlande, Schweden oder die Schweiz hinzu, dann wird noch deutlicher, in welch immensem Ausmaß die entwickelten Industrieländer betroffen sind.

Zusammenfassung

Der Verlauf unserer Globalisierungszeitreise innerhalb der letzten 30 Jahre zeigt vor allen Dingen zwei Fakten auf:

Zum einen wird klar, dass die Schere zwischen Reichtum und Armut auf der Erde sowohl zwischen- und innerstaatlich weiter auseinandergegangen ist. Es gibt einerseits sogenannte „Global Player“ als unumstrittene Gewinner weltweiten Wettbewerbs, andererseits millionenfache Verlierer, die auf der Strecke bleiben. Und das nicht nur in den Entwicklungsländern, sondern, wenn auch mit anderen Proportionen, ebenso innerhalb der führenden Industriestaaten. Ausbeutung auf kleiner und großer Ebene findet unter Nuancen mit unterschiedlicher Ausprägung fast überall statt. Sei es durch Kinderarbeit, Kindersoldaten, genderspezifische Disparitäten oder „moderner“ Sklaverei: Geld und Reichtum regieren nach wie vor die Welt. Globalisierung macht‘s umso mehr möglich.

Und da wären wir beim zweiten Fakt dieser Zusammenfassung: „Ich krieg‘ die Krise“. Wer würde verleugnen, dass sie nun (fast) jeder „gekriegt“ hat. Krisen und Kriege kriegen, das alles hängt ja nun nicht nur buchstäblich als Wortspiel miteinander zusammen. Solange wir uns bekriegen, sei es durch Waffengewalt, Handelskriege, verbale, unobjektive Berichterstattungen oder bewusste Lügen- und Intrigengebilde, kriegen wir Probleme immer nur bedingt und temporär auf die Reihe. Gerade Corona hat gezeigt, wie anfällig jeder, absolut jeder auch noch so hoch entwickelte Staat ist. Niemand sollte sich der irrigen Meinung hingeben, alles sei nach einer gewissen Zeit in den Griff zu kriegen; wer das wirklich glaubt, ist entweder Technokrat oder Lobbyist.

Gegenseitige Schuldzuweisungen für die Verantwortung

der Pandemieausbreitung wie jetzt im Falle von Corona zwischen den USA und der VR China sind hier völlig fehl am Platz. Zur Erinnerung: Die „Spanische Grippe“, die zwischen 1918 und 1920 weltweit geschätzte 30 bis 40 Millionen Todesopfer forderte (vgl. Johnson/Müller, S. 114, Squar, S. 86) war eine ganz andere Hausnummer und hatte nach unabhängigen Forschungen ihren wahrscheinlichsten ursächlichen Entstehungsort im Land der vermeintlich „unbegrenzten Möglichkeiten“ (vgl. Crosby, Worobey, S. 18-25).

Es gibt nur einen Weg in Form zweier Begriffe, dies grundlegend und vor allem wahrhaftig nachhaltig zu ändern: einschneidender ***Konsumverzicht*** und gerechte ***Umverteilung*** ohne Rücksicht auf wahlstrategisch ausgerichtete Politiker und wirtschaftspolitische Befindlichkeiten! Nochmal: Grenzenloses Wirtschaftswachstum geht auf Dauer von weiteren Jahrhunderten sowieso nicht. Es sei denn, man verfährt nach der Meinung: „Nach mir die Sintflut“. Auch das gibt es noch zuhauf in jedem Land und in allen Bevölkerungsschichten, auch unter Politikern sämtlicher Couleur.

Dies alles tatsächlich auch umzusetzen erfordert Mut und den Willen zum Verzicht der konsumverwöhnten Masse insbesondere in den kapitalistischen Schlaraffenländern. Nur mit guten Worten sowie der Hoffnung auf Einsicht wird das aber schwierig. Selbst in der Hochphase der Coranakrise wurden beispielsweise mehr PS-starke SUV innerhalb eines Monat bestellt und gekauft wie nie zuvor. Gleichzeitig fanden völlig unsinnige Hamsterkäufe zum Nachteil anderer Kunden statt. Ein mehr als deutlicher Indikator für das undifferenzierte, eigennützig geprägte Verhaltensmuster so mancher Zeitgenossen.

Tabellenteil

Tabelle 1

Die größten Länder der Erde nach Einwohnern 1970

	Absolute Bevölkerung	Ew/qkm
1. VR China	820.000.000	86
2. Indien	550.000.000	180
3. UdSSR	241.000.000	11
4. USA	205.000.000	22
5. Pakistan (+ Bangl.)	123.000.000	130
6. Indonesien	115.000.000	60
7. Japan	104.000.000	282
8. Brasilien	95.000.000	11
9. BR Deutschland	61.000.000	247
10. Nigeria	58.000.000	63
11. Großbritannien	55.000.000	224
12. Italien	54.000.000	180
13. Mexiko	52.000.000	26
14. Frankreich	51.000.000	93
15. Thailand	37.000.000	72
16. Philippinen	36.000.000	120
17. Ägypten	35.000.000	35
18. Türkei	34.000.000	44
19. Spanien	33.000.000	65
20. Polen	32.000.000	105
21. Südkorea	32.000.000	323
22. Iran	29.000.000	17
23. Äthiopien	28.000.000	24
24. Myanmar	26.000.000	38
25. Argentinien	24.000.000	9
26. Kolumbien	22.000.000	19
27. Kanada	21.000.000	2
28. Nordvietnam	21.000.000	132
29. DR Kongo	20.000.000	9
30. Rumänien	20.000.000	84
31. Jugoslawien	20.000.000	78
32. DDR	17.000.000	145
33. Südvietnam	17.000.000	98
34 Taiwan (Rep. China)	14.000.000	338
35. Algerien	14.000.000	5
36. Nordkorea	14.000.000	98
37. Tansania	14.000.000	15
38. Peru	13.000.000	10
39. Niederlande	13.000.000	351
40. Australien	13.000.000	2

Top 40 gesamt: 3,2 Mrd Ew **Welt gesamt: 3,7 Mrd. Ew** **Top 40 = 86% der Weltbev.**

Tabelle 2

Die größten Länder der Erde nach Einwohnern 1990

	Absolute Bevölkerung	Ew/qkm
1. VR China	1.150.000.000	120
2. Indien	867.000.000	263
3. USA	253.000.000	27
4. Indonesien	181.000.000	95
5. Brasilien	151.000.000	18
6. Russland	148.000.000	9
7. Japan	124.000.000	328
8. Pakistan	116.000.000	146
9. Bangladesch	111.000.000	770
10. Nigeria	99.000.000	107
11. Mexiko	83.000.000	42
12. Deutschland	80.000.000	224
13. Vietnam	68.000.000	205
14. Philippinen	63.000.000	210
15. Großbritannien	58.000.000	237
16. Italien	58.000.000	193
17. Iran	58.000.000	35
18. Türkei	57.000.000	73
19. Frankreich	57.000.000	103
20. Thailand	57.000.000	111
21. Ägypten	54.000.000	54
22. Äthiopien	53.000.000	43
23. Ukraine	52.000.000	86
24. Myanmar	43.000.000	64
25. Südkorea	43.000.000	434
26. DR Kongo	39.000.000	17
27. Südafrika	39.000.000	32
28. Spanien	39.000.000	77
29. Polen	38.000.000	121
30. Kolumbien	33.000.000	29
31. Argentinien	33.000.000	12
32. Kanada	27.000.000	3
33. Algerien	26.000.000	11
34. Sudan	26.000.000	10
35. Marokko	26.000.000	58
36. Kenia	25.000.000	43
37. Tansania	25.000.000	26
38. Nordkorea	22.000.000	182
39. Peru	22.000.000	17
40. Afghanistan	21.000.000	32
.		
.		
46. Australien	17.000.000	2

Top 40 ges.: 4,5 Mrd. Ew **Welt ges.: 5,3 Mrd. Ew** **Top 40 = 85% der Weltbev.**

Tabelle 3

Die größten Länder der Erde nach Einwohnern 2019

	Absolute Bevölkerung	Ew/qkm
1. VR China	1.400.000.000	145
2. Indien	1.350.000.000	407
3. USA	330.000.000	33
4. Indonesien	270.000.000	138
5. Brasilien	217.000.000	26
6. Pakistan	208.000.000	250
7. Nigeria	205.000.000	220
8. Bangladesch	172.000.000	1.120
9. Russland	147.000.000	8
10. Mexiko	137.000.000	69
11. Japan	128.000.000	338
12. Äthiopien	111.000.000	97
13. Philippinen	111.000.000	352
14. Ägypten	102.000.000	100
15. Vietnam	101.000.000	289
16. DR Kongo	89.000.000	39
17. Türkei	84.000.000	107
18. Iran	83.000.000	50
19. Deutschland	83.000.000	231
20. Thailand	70.000.000	136
21. Frankreich	69.000.000	103
22. Großbritannien	68.000.000	266
23. Italien	62.000.000	200
24. Tansania	59.000.000	60
25. Südafrika	59.000.000	47
26. Myanmar	57.000.000	80
27. Südkorea	53.000.000	518
28. Kenia	52.000.000	85
29. Kolumbien	50.000.000	43
30. Spanien	48.000.000	92
31. Ukraine	46.000.000	74
32. Argentinien	45.000.000	16
33. Uganda	45.000.000	177
34. Sudan	45.000.000	24
35. Algerien	42.000.000	17
36. Irak	42.000.000	90
37. Polen	39.000.000	124
38. Kanada	38.000.000	4
39. Afghanistan	37.000.000	54
40. Marokko	37.000.000	80
.		
.		
53. Australien	25.000.000	3

Top 40 ges.: 6,4 Mrd. Ew **Welt ges.: 7,8 Mrd. Ew** **Top 40 = 82% der Weltbev.**

Tabelle 4

Die bevölkerungsreichsten Länder mit dem größten Bevölkerungszuwachs

	Bevölerungszuwachs (%)		
	1970-1990	1990-2019	1970-2019
1. Uganda	79	164	374
2. Kenia	127	104	364
3. Sudan	160	73	350
4. DR Kongo	95	126	340
5. Tansania	79	140	328
6. Irak	90	121	320
7. Äthiopien	89	108	293
8. Pakistan	100	77	253
9. Nigeria	71	102	245
10. Afghanistan	91	76	236
11. Philippinen	75	75	205
12. Algerien	86	62	200
13. Ägypten	54	85	186
14. Iran	100	43	186
15. Vietnam	79	47	163
16. Bangladesch	70	53	162
17. Mexiko	60	63	160
18. Südafrika	70	49	152
19. Türkei	68	47	147
20. Indien	58	56	145
21. Indonesien	57	49	135
22. Marokko	63	42	131
23. Kolumbien	50	52	127
24. Brasilien	59	42	126
25. Myanmar	65	30	115
26. Australien	31	47	92
27. Thailand	54	23	89
28. Argentinien	38	36	88
29. Kanada	28	41	81
30. VR China	40	21	70
31. Südkorea	34	23	66
32. USA	23	30	60
33. Spanien	18	23	45
34. Frankreich	12	21	35
35. Großbritannien	6	17	24
36. Polen	19	3	23
37. Japan	19	2	22
38. Italien	7	7	15
39. Russland	13	-1	13
40. Deutschland	3	4	6
Top 40 ges.:	**58**	**53**	**150**

Tabelle 5

Die größten Volkswirtschaften (BIP absolut > = 250 Mrd. €) und ihre Verhältnisziffern von primärem, sekundärem und tertiärem Wirtschaftssekor nach BIP und Erwerbstätigkeit 1990

	BIP[1] (Bio.€)	L:I:D[2] (BIP %)	L:I:D[3] (Erw %)	Wirtschaftsindikator W[4] (L:I:D BIP + Erw)
1 USA	4,7	2:33:65	3:27:70	28
2 Japan	2,8	6:34:60	6:34:60	10
3 Deutschland	1,5	2:37:62	3:39:58	25
4 Frankreich	1,0	3:29:68	6:30:64	15
5 Italien	0,9	3:34:63	9:32:59	14
6 Großbritannien	0,8	2:28:70	2:20:78	37
7 Spanien	0,5	4:36:60	11:33:56	10
8 Kanada	0,45	3:20:77	4:25:71	22
9 Russland	0,4	13:48:39	13:31:56	4
10 Brasilien	0,35	7:35:58	24:24:52	5
11 VR China	0,3	27:42:31	67:22:11	1
12 Australien	0,25	4:24:72	6:25:69	15
13 Südkorea	0,25	8:45:47	17:36:47	5
14 Mexiko	0,25	9:30:61	23:28:49	5
15 Indien	0,25	31:27:41	66:13:21	1

Top 15 ges.: 3,2 Mrd. Ew	**restl, Welt ges.: 2,1 Mrd. Ew**	**Top 15 = 60% der Weltbev.**
Top 15 ges.: 15 Bio. € BIP	**restl. Welt ges.: 5 Bio. € BIP**	**Top 15 = 75% des Welt-BIP**

1 Bruttoinlandsprodukt in Billionen Euro

2 Verhältnisanteile der Sektoren Landwirtschaft zu Industrie zu Dienstleistungen beim Bruttoinlandsprodukt (BIP)

3 Verhältnisanteile der Sektoren Landwirtschaft zu Industrie zu Dienstleistungen bei den Erwerbstätigen (Erw)

4 Wirtschaftsindikator W als Messzahl für den Entwicklungsstand einer fortgeschrittenen Volkswirtschaft nach der Formel: (I:L)*(D:I) (BIP) und (I:L)*(D:I) (Erw). Von beiden Werten dann das arithm. Mittel. Min=0, Max=100.

Tabelle 6

Die größten Volkswirtschaften (BIP absolut > 1 Billion €) und ihre Verhältnisziffern von primärem, sekundärem und tertiärem Wirtschaftssekor nach BIP und Erwerbstätigkeit 2019

	BIP[5] (Bio.€)	L:I:D[6] (BIP %)	L:I:D[7] (Erw %)	Wirtschaftsindikator W[8] (L:I:D BIP + Erw)
1 USA	18,0	1:20:79	2:19:79	60
2 VR China	11,3	8:41:51	17:27:56	5
3 Japan	4,5	1:29:70	2:27:71	53
4 Deutschland	3,3	1:30:69	1:24:75	72
5 Indien	2,4	17:29:54	42:24:34	2
6 Großbritannien	2,3	1:19:80	1:18:81	80
7 Frankreich	2,3	2:20:78	3:20:77	33
8 Brasilien	1,9	5:22:73	10:21:69	11
9 Italien	1,7	2:24:74	4:26:70	24
10 Kanada	1,6	3:26:71	2:20:78	31
11 Russland	1,5	4:33:63	7:27:66	13
12 Südkorea	1,4	2:39:59	5:25:70	22
13 Australien	1,2	3:24:73	3:19:78	25
14 Spanien	1,2	3:23:74	4:20:76	22
15 Mexiko	1,1	4:33:63	13:26:61	10

Top 15 ges.: 4,2 Mrd. Ew **restl. Welt ges.: 3,6 Mrd. Ew** **Top 15 = 54% der Weltbev.**

Top 15 ges.: 56 Bio. € BIP **restl. Welt ges.: 24 Bio. € BIP** **Top 15 = 70% des Welt-BIP**

5 Bruttoinlandsprodukt in Billionen Euro

6 Verhältnisanteile der Sektoren Landwirtschaft zu Industrie zu Dienstleistungen beim Bruttoinlandsprodukt (BIP)

7 Verhältnisanteile der Sektoren Landwirtschaft zu Industrie zu Dienstleistungen bei den Erwerbstätigen (Erw)

8 Wirtschaftsindikator W als Messzahl für den Entwicklungsstand einer fortgeschrittenen Volkswirtschaft nach der Formel: (I:L)*(D:I) (BIP) und (I:L)*(D:I) (Erw), Von beiden Werten dann das arithm. Mittel. Min=0, Max=100.

Tabelle 7

Die größten Volkswirtschaften nach relativem Bruttoinlandsprodukt (BIP pro Einwohner)

	BIP/Ew (€)		
	1990	**2019**	**Zuwachs (Faktor)**
1 USA	19.000	55.000	2,9
2 Australien	15.000	48.000	3,2
3 Kanada	17.000	42.000	2,5
4 Deutschland	19.000	40.000	2,1
5 Japan	23.000	35.000	1,5
6 Großbritannien	14.000	34.000	2,4
7 Frankreich	18.000	33.000	1,8
8 Italien	15.000	28.000	1,9
9 Südkorea	6.000	26.000	4,3
10 Spanien	13.000	25.000	1,9
11 Russland	2.700	10.000	3,7
12 Brasilien	2.300	9.000	3,9
13 VR China	260	8.100	31,2
14 Mexiko	3.000	8.000	2,7
15 Indien	190	1.800	9,5
Top 15 ges.:	**4.700**	**13.300**	**2,8**
restl. Welt ges.:	**2.400**	**6.700**	**2,8**
Welt ges.:	**3.750**	**10.350**	**2,8**

Tabelle 8

Die größten Volkswirtschaften nach dem Entwicklungsstand ihrer BIP- und Beschäftigtenanteile im Verhältnis von primärem, sekundärem und tertiärem Wirtschaftssetor (Wirtschaftsindikator W[9] von 0 bis 100, exponentielle Zunahme)

	Wirtschaftsindikator W 1990	2019	Zuwachs (Faktor)
1 Großbritannien	37	80	2,2
2 Deutschland	25	72	2,9
3 USA	28	60	2,2
4 Japan	10	53	5,3
5 Frankreich	15	33	2,2
6 Kanada	22	31	1,4
7 Australien	15	25	1,7
8 Italien	14	24	1,7
9 Spanien	10	22	2,2
10 Südkorea	5	22	4,4
11 Russland	4	13	3,3
12 Brasilien	5	11	2,2
13 Mexilo	5	10	2,0
14 VR China	1	5	5,0
15 Indien	1	2	2,0

9 Wirtschaftsindikator W als Messzahl für den Entwicklungsstand einer fortgeschrittenen Volkswirtschaft nach de Formel: (I:L)*(D:I) (BIP) und (I:L)*(D:I) (Erw), Von beiden Werten dann das arithm. Mittel. Min=0, Max=100.

Tabelle 9

Die größten Volkswirtschaften nach absolutem Exportvolumen

	Export (Mrd. €)		
	1990	**2019**	**Zuwachs** (Faktor)
1 VR China	70	2.270	32,4
2 USA	370	1.400	3,8
3 Deutschland	340	1.300	3,8
4 Japan	280	630	2,3
5 Südkorea	62	530	8,5
6 Frankreich	191	480	2,5
7 Italien	150	450	3,0
8 Großbritannien	160	400	2,5
9 Kanada	104	380	3,7
10 Mexiko	22	370	16,8
11 Russland	31	330	10,6
12 Spanien	51	290	5,7
13 Indien	22	280	12,7
14 Australien	35	210	6,0
15 Brasilien	30	200	6,7
Top 15 ges.:	**1.900**	**9.600**	**5,1**
restl. Welt ges.:	**900**	**6.400**	**7,1**
Welt ges.:	**2.800**	**16.000**	**5,7**

Tabelle 10

Die größten Volkswirtschaften nach relativem Exportvolumen (Export pro Einwohner)

	Export/Ew (€)		
	1990	**2019**	**Zuwachs** (Faktor)
1 Deutschland	4.300	15.700	3,7
2 Kanada	3.900	10.500	2,6
3 Südkorea	1.500	10.200	6,7
4 Australien	2.100	8.400	4,0
5 Italien	2.600	7.300	2,8
6 Frankreich	3.400	7.000	2,1
7 Spanien	1.300	6.000	4,6
8 Großbritannien	2.800	5.900	2,1
9 Japan	2.300	5.000	2,2
10 USA	1.500	4.300	2,9
11 Mexiko	270	2.700	10,0
12 Russland	210	2.300	11,0
13 VR China	60	1.700	28,3
14 Brasilien	200	1.000	5,0
15 Indien	25	200	8,0
Top 15 ges.:	**600**	**2.300**	**3,8**
restl. Welt ges.:	**430**	**1.800**	**4,2**
Welt ges.:	**530**	**2.100**	**4,0**

Tabelle 11

Die größten Volkswirtschaften nach absoluter Industrieproduktion (BIP-Anteile)

	1990 (Mrd. €)	2019 (Mrd. €)	Zuwachs (Faktor)
1 VR China	130	4.600	35,4
2 USA	1.550	3.600	2,3
3 Japan	950	1.300	1,4
4 Deutschland	560	1.000	1,8
5 Indien	68	700	10,3
6 Südkorea	110	550	5,0
7 Russland	190	480	2,5
8 Frankreich	290	460	1,6
9 Großbritannien	220	440	2,0
10 Kanada	90	420	4,7
11 Brasilien	120	420	3,5
12 Italien	300	410	1,4
13 Mexiko	70	360	5,1
14 Australien	70	290	4,1
15 Spanien	180	280	1,6
Top 15 ges.:	**4.900**	**15.300**	**3,1**
restl. Welt ges.:	**2.300**	**8.200**	**3,6**
Welt ges.:	**7.200**	**23.500**	**3,3**

Tabelle 12

Die größten Volkswirtschaften nach relativer Industrieproduktion (Industrieproduktion pro Einwohner)

		1990 (€)	2019 (€)	Zuwachs (Faktor)
1	Deutschland	7.000	12.000	1,7
2	Australien	4.100	11.600	2,8
3	Kanada	3.300	11.100	3,4
4	USA	6.100	10.900	1,8
5	Südkorea	2.600	10.400	4,0
6	Japan	7.700	10.200	1,3
7	Frankreich	5.100	6.700	1,3
8	Italien	5.200	6.600	1,2
9	Großbritannien	3.800	6.500	1,7
10	Spanien	4.600	5.800	1,2
11	Russland	1.300	3.300	2,6
12	VR China	120	3.300	27,0
13	Mexiko	850	2.600	3,0
14	Brasilien	800	2.000	2,5
15	Indien	80	520	6,5
Top 15 ges.;		**1.530**	**3.640**	**2,4**
restl. Welt ges.:		**1.100**	**2.280**	**2,1**
Welt ges.:		**1.360**	**3.010**	**2,2**

Tabelle 13

Entwicklung der kleinsten Volkswirtschaften > 25 Mio. Ew (2019) und < 0.1 Bio. € BIP absolut

	Ew. 1990 (Mio.)	**Ew. 2019** (Mio.)	BIP 1990 (Mrd. €)	**BIP 2019** (Mrd. €)	BIP/Ew 1990 (Euro)	BIP/Ew 2019 (Euro)
1 Niger	8	25	2	9	250	360
2 Madagaskar	12	27	2	11	170	410
3 Mosambik	16	31	1	12	60	390
4 Jemen	12	30	7	17	580	570
5 Afghanistan	16	37	3	19	190	510
6 Nepal	19	30	3	23	160	770
7 Uganda	17	45	2	24	120	530
8 Kamerun	12	26	10	33	830	1.270
9 DR Kongo	43	89	7	35	160	400
10 Côte d`Ivoire	12	26	7	38	580	1.460
11 Ghana	15	30	6	44	400	1.470
12 Tansania	25	59	2	48	80	810
13 Myanmar	42	57	7	65	170	1.140
14 Kenia	24	52	4	69	170	1.330
15 Äthiopien	52	111	5	75	95	680
Gesamt:	**325**	**675**	**68**	**522**	**210**	**770**

Tabelle 14

Entwicklung relativer CO_2-Ausstoß der größten Volkswirtschaften in Tonnen pro Ew.

	1950	**1970**	**1990**	**2018**	**+/- 1990-2018 (%)**
1 USA	20	24	21	16	- 24
2 Kanada	11	16	17	16	- 6
3 Australien	7	12	16	16	0
4 Südkorea	0,2	2	6	13	+ 117
5 Russland	4	12	18	12	- 33
6 Deutschland	8	14	13	9	- 31
7 Japan	1	8	9	9	0
8 VR China	0,1	1	2	8	+ 300
9 Großbritannien	10	13	11	6	- 45
10 Italien	1	6	8	6	- 25
11 Spanien	1	4	6	6	0
12 Frankreich	5	9	7	5	- 29
13 Mexiko	2	3	4	4	0
14 Brasilien	0,5	1	2	2	0
15 Indien	0,2	0,5	1	2	+ 100
TOP 15 ges.:	**3,4**	**5,1**	**5,2**	**6,5**	**+ 25**
restl. Welt ges.:	**1,2**	**2,8**	**2.9**	**3,0**	**+ 3**
Welt ges.;	**2,6**	**4,2**	**4,3**	**4,9**	**+ 14**

Tabelle 15

Die größten Volkswirtschaften mit den am Coronavirus SARS-CoV-2 bestätigten infizierten Personen und daraus resultierenden Todesfällen - Stichtag 23.03.2020 (Kontaktbeschränkungen in Deutschland)

	Aktuell Infizierte (- Gesundete u.Tote)	Aktuell Infizierte je 1 Mio. Ew.	Verstorbene absolut	Verstorbene je 10 Mio. Ew.
1 Italien	50.418	813	6.077	980
2 Spanien	27.527	573	2.207	460
3 Frankreich	16.796	243	860	125
4 Großbritannien	6.180	91	335	50
5 China	5.137	4	3.270	25
6 Südkorea	5.684	107	111	21
7 USA	42.538	129	529	16
8 Deutschland	26.180	315	123	15
9 Kanada	2.010	53	24	6
10 Japan	851	7	42	3
11 Australien	1.556	62	7	3
12 Brasilien	1.855	9	34	2
13 Mexiko	310	2	2	0,2
14 Indien	455	0,3	10	0,1
15 Russland	420	3	1	0,1
Top 15 ges.:	**187.917 (= 73%)**	**45**	**13.632 (= 83%)**	**33**
restl. Welt ges.:	**70.476 (= 27%)**	**20**	**2.738 (= 17%)**	**8**
Welt ges.:	**258.393**	**33**	**16.370**	**21**

Tabelle 16

Die größten Volkswirtschaften mit den am Coronavirus SARS-CoV-2 bestätigten infizierten Personen und daraus resultierenden Todesfällen - Stichtag 23.06.2020

	Aktuell Infizierte (- Gesundete u.Tote)	Aktuell Infizierte je 1 Mio. Ew.	Verstorbene absolut	Verstorbene je 10 Mio. Ew.
1 Großbritannien	262.642	3.862	42.647	6.272
2 Spanien	67.804	1.412	28.324	5.901
3 Italien	20.637	333	34.657	5.590
4 Frankreich	53.686	778	29.142	4.223
5 USA	1.545.079	4.682	120.237	3.644
6 Brasilien	53.463	2.090	51.271	2.363
7 Kanada	29.204	769	8.493	2.235
8 Mexiko	23.155	169	22.584	1.648
9 Deutschland	7.489	90	8.909	1.073
10 Russland	234.682	1.596	8.349	568
11 Indien	178.014	132	14.011	104
12 Japan	944	7	955	75
13 Südkorea	1.300	25	281	53
14 Australien	475	19	102	41
15 China	360	0,3	4.634	33
Top 15 ges.:	**2.878.934 (= 71%)**	**685**	**374.596 (= 80%)**	**892**
restl. Welt ges.:	**1.181.751 (= 29%)**	**328**	**97.875 (= 20%)**	**272**
Welt ges.:	**4.060.685**	**521**	**472.471**	**606**

Tabelle 17

Die größten Volkswirtschaften mit den am Coronavirus SARS-CoV-2 bestätigten infizierten Personen und daraus resultierenden Todesfällen - Stichtag 30.09.2020

	Aktuell Infizierte (- Gesundete u.Tote)	Aktuell Infizierte je 1 Mio. Ew.	Verstorbene absolut	Verstorbene je 10 Mio. Ew.
1 Brasilien	387.209	1.784	143.952	6.634
2 Spanien	587.021	12.230	31.791	6.623
3 USA	4.137.536	12.538	208.224	6.310
4 Großbritannien	411.121	6.046	42.760	6.289
5 Italien	51.263	827	35.894	5.789
6 Mexiko	37.563	274	77.648	5.667
7 Frankreich	434.782	6.301	31.956	4.631
8 Kanada	14.581	384	9.345	2.459
9 Russland	198.109	1.348	20.796	1.415
10 Deutschland	25.476	307	9.507	1.145
11 Indien	940.705	697	98.678	731
12 Australien	1.426	57	888	355
13 Japan	7.070	55	1.578	123
14 Südkorea	1.808	34	415	78
15 China	189	0,1	4.634	33
Top 15 ges.:	**1.565.012 (=17%)**	**377**	**716.074 (= 70%)**	**1.723**
restl. Welt ges.:	**7.732.377 (= 83%)**	**2.118**	**299.725 (= 30%)**	**820**
Welt ges.:	**9.297.389**	**1.192**	**1.015.799**	**1.300**

Kartenteil

Karte 1

Die bevölkerungsreichsten Länder nach Bevölkerungszuwachs zwischen 1970 - 2020

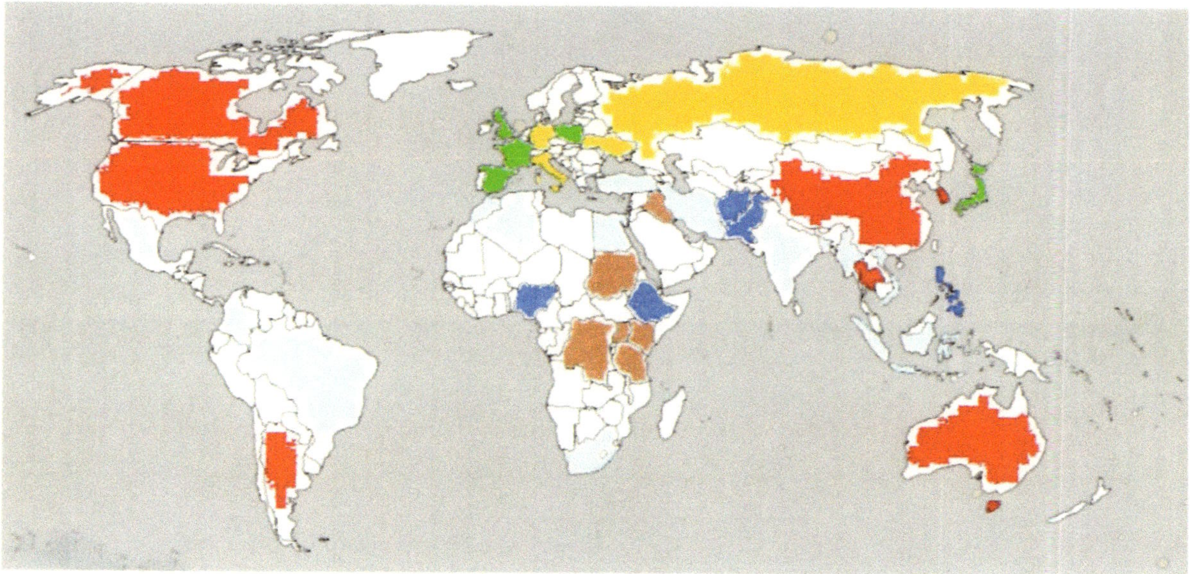

Bevölkerungswachstum (%) 1970 – 2020:

< 20 | 20 - 50 | > 50 - 100 | >100 - 200 | > 200 - 300 | > 300 - 400

Karte 2

Die größten Volkswirtschaften nach absolutem Bruttoinlandsprodukt 1990

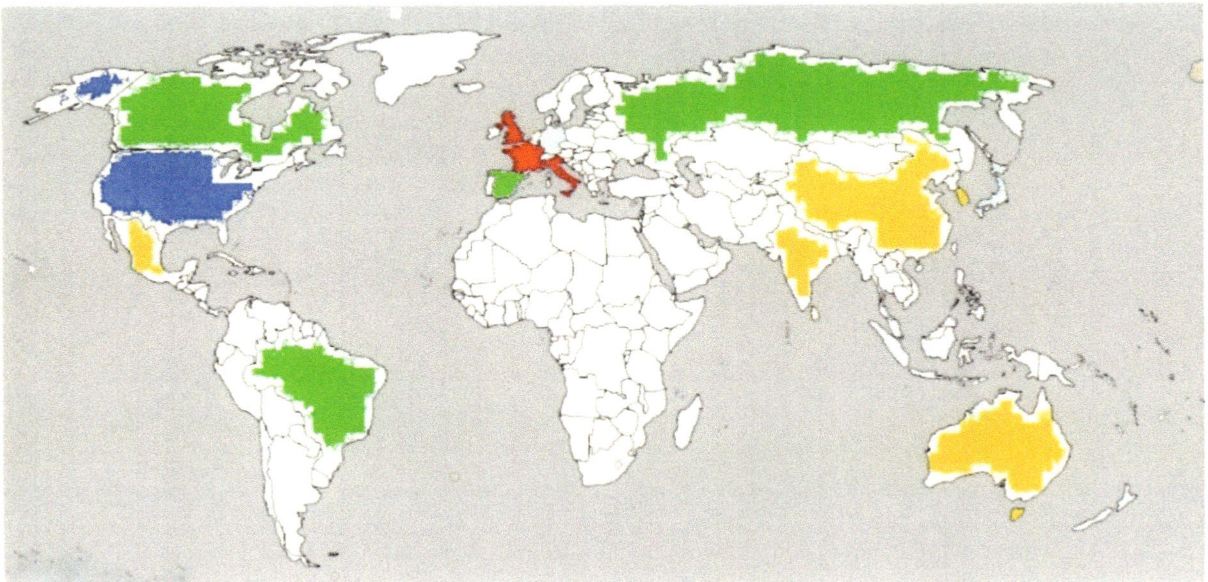

BIP 1990 (Bio. €): > 0,25 – 0,3 | > 0,3 – 0,5 | > 0,5 – 1 | > 1 – 3 | > 3 – 5

Karte 3

Die größten Volkswirtschaften nach absolutem Bruttoinlandprodukt 2020

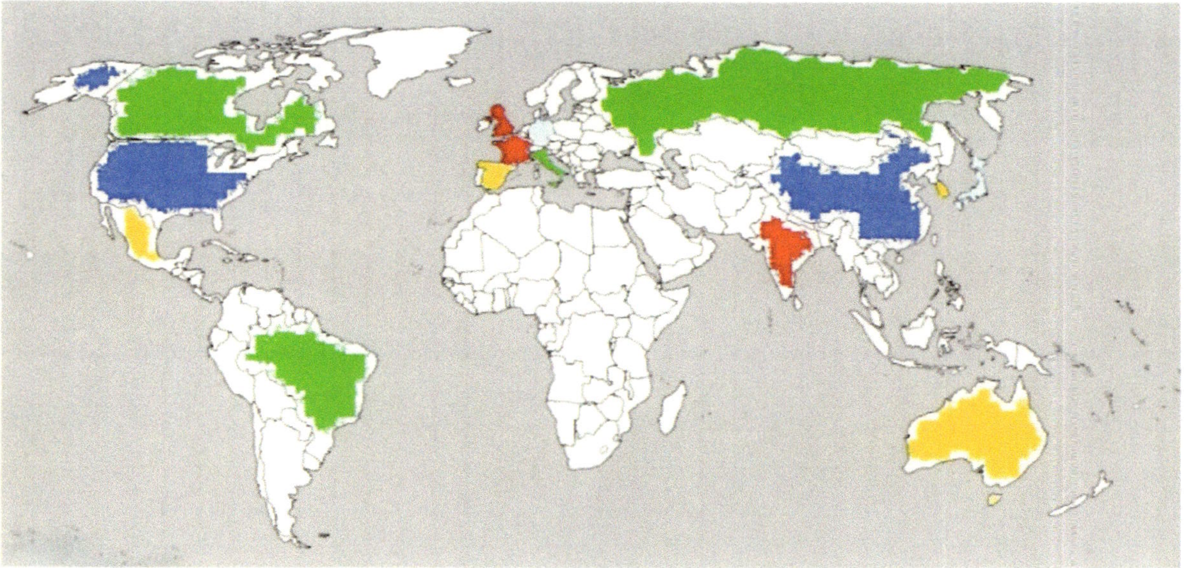

BIP 2020 (Bio. €): 1 - < 1,5 | 1,5 - < 2 | 2 - < 2,5 | 2,5 - < 5 | > 10 - 20

Karte 4

Die größten Volkswirtschaften nach BIP pro Einwohner 1990

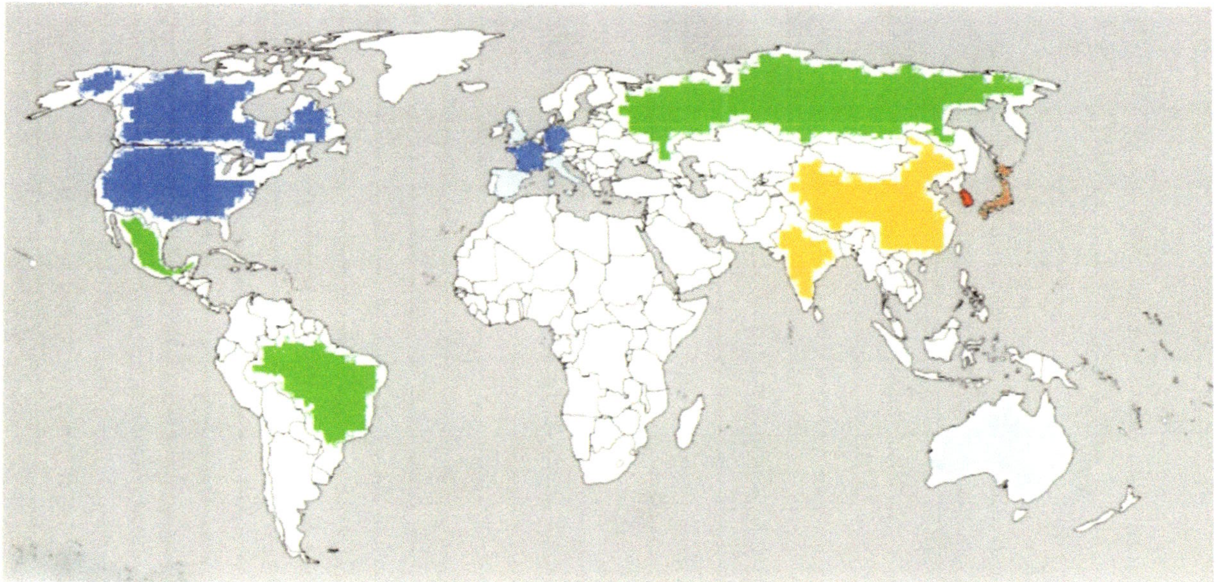

Karte 5

Die größten Volkswirtschaften nach BIP pro Einwohner 2020

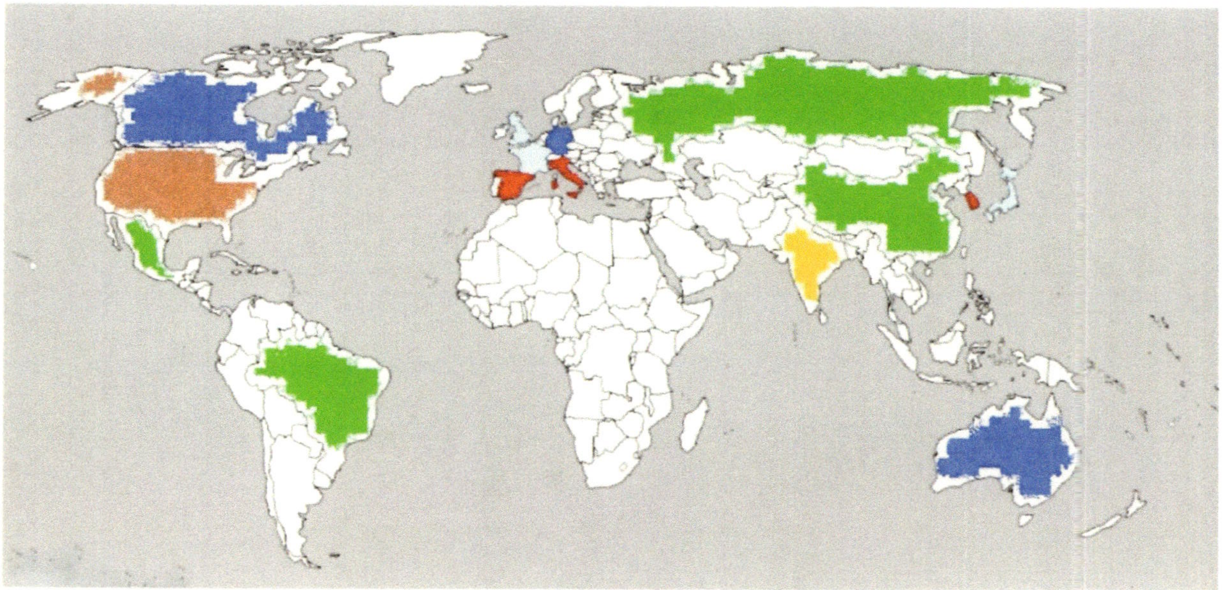

BIP/Ew 2020

1.800 | 8.000 - 10.000 | 25.000 - < 30.000 | 30.000 - 35.000 | 40.000 - 50.000 | 55.000

Karte 6

Die größten Volkswirtschaften nach ihrem Wirtschaftsindikator 2020

Wirtschaftsindikator W als Messzahl für den Entwicklungsstand einer fortgeschrittenenVolkswirtschaft nach der Formel: (I:L)*(D:I) (BIP) und (I:L)*(D:I) (Erw). Von beiden Werten dann das arithm. Mittel. Min = 0, Max = 100.

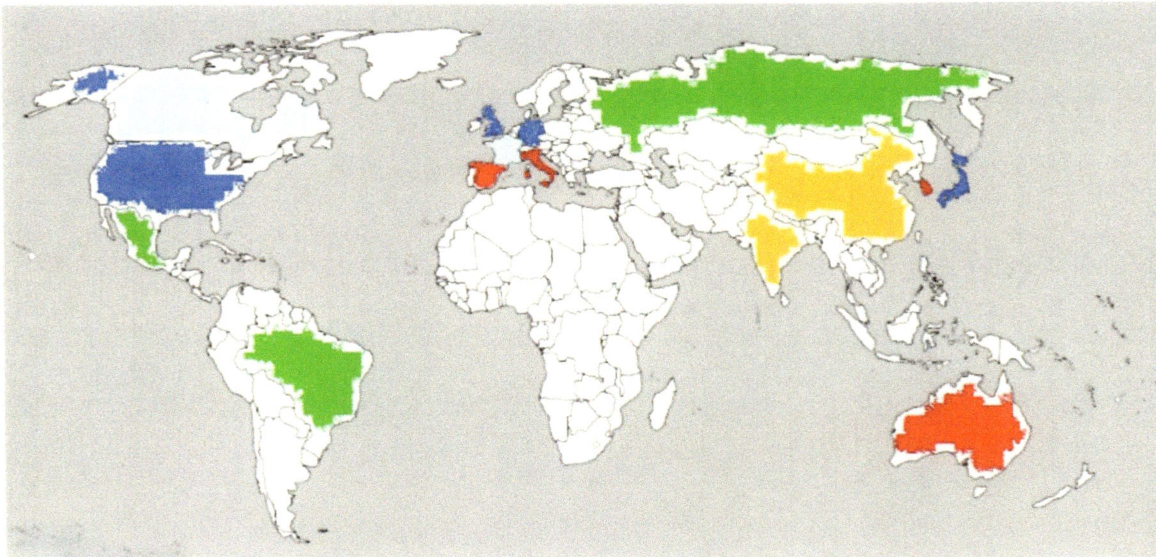

Wirtschaftsindikator W: < 10 | 10 - 20 | > 20 - 30 | > 30 - 40 | > 50

Karte 7

Die größten Volkswirtschaften nach absolutem Exportvolumen 1990

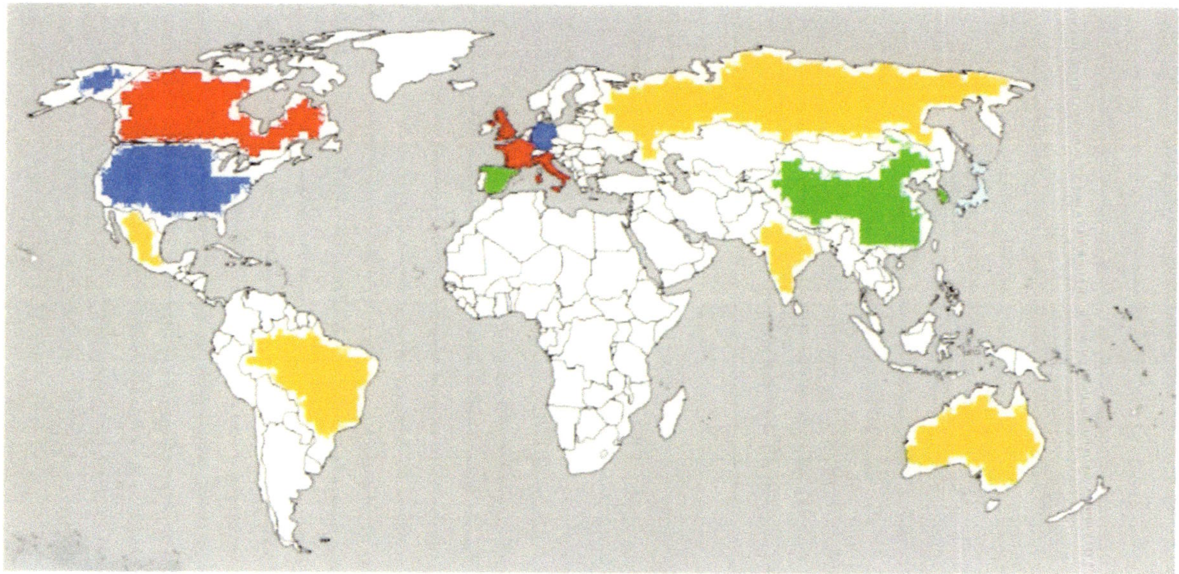

Karte 8

Die größten Volkswirtschaften nach absolutem Exportvolumen 2020

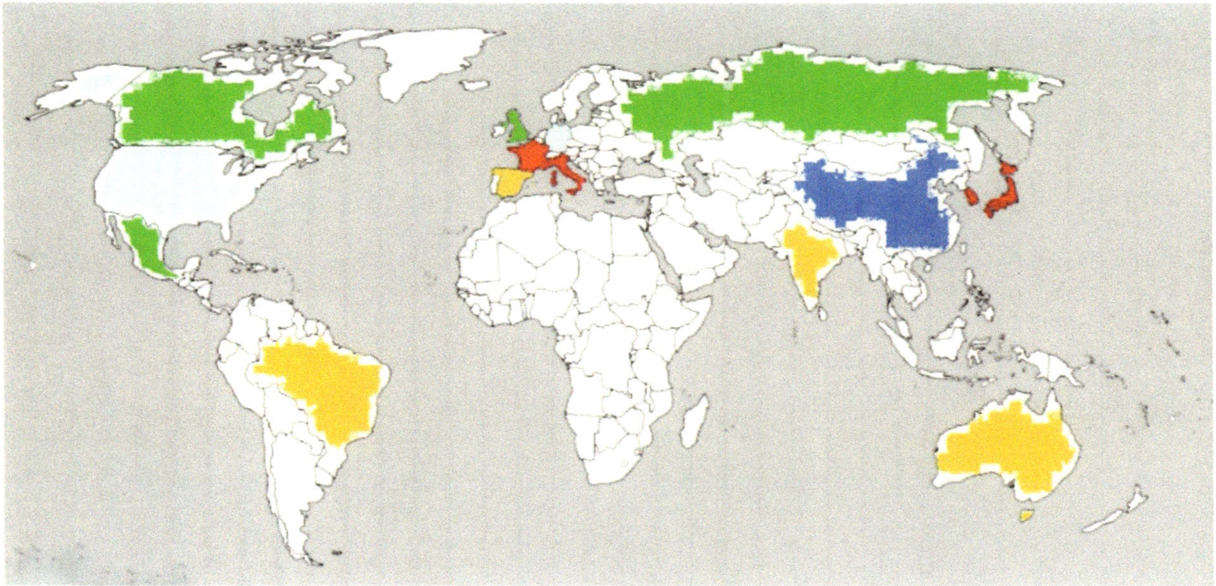

Export 2020 (Mrd. €) 200 - 300 > 300 - 400 > 400 - 700 > 1.000 – 1.500 > 2000

Karte 9

Die größten Volkswirtschaften nach Export pro Einwohner 1990

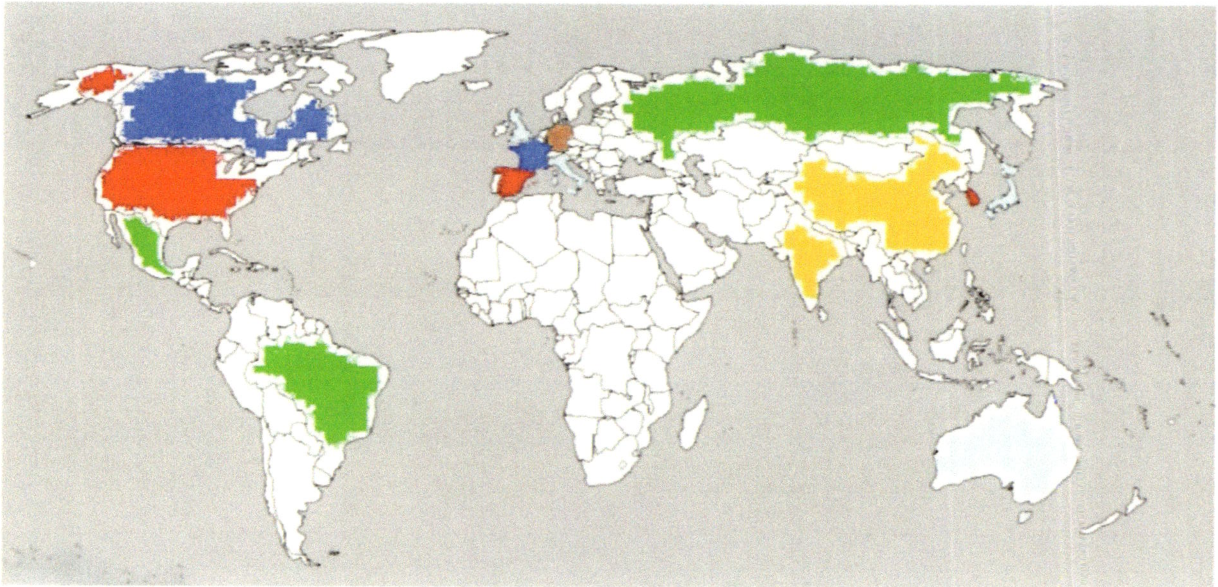

Export/Ew (€) : < 100 200 - 300 >1.000 - 2.000 > 2.000 - 3.000 > 3.000 - 4.000 > 4.000

Karte 10

Die größten Volkswirtschaften nach Export pro Einwohner 2020

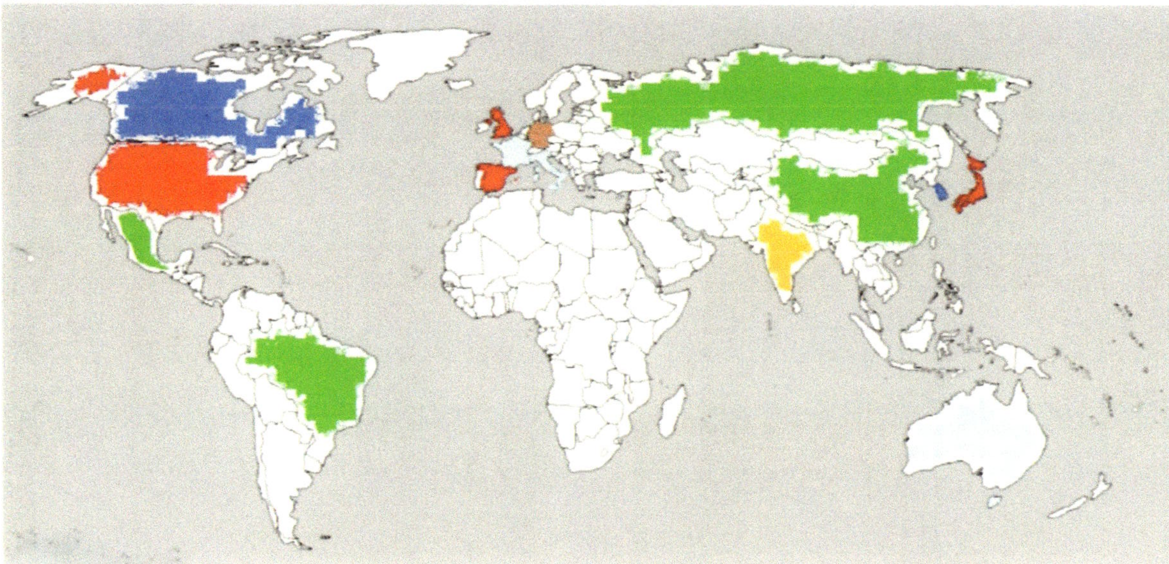

Export/Ew (€): < 500 | 1.000 - 3000 | 4.000 - 6.000 | 7.000 - 9.000 | 10.000 - 11.000 | > 15.000

Karte 11

Die größten Volkswirtschaften nach absoluter Industrieproduktion 1990

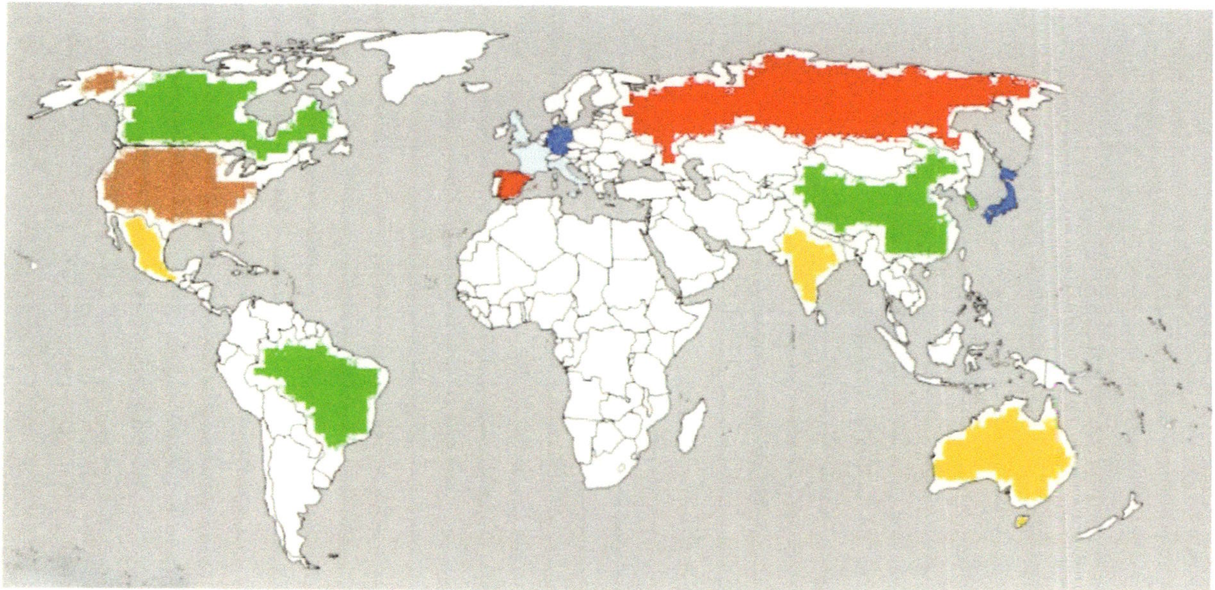

Industrieproduktion (Mrd. €):

50 - 70 | 90 - 130 | 150 -200 | > 200 - 300 | 500 -1.000 | 1.550

Karte 12

Die größten Volkswirtschaften nach absoluter Industrieproduktion 2020

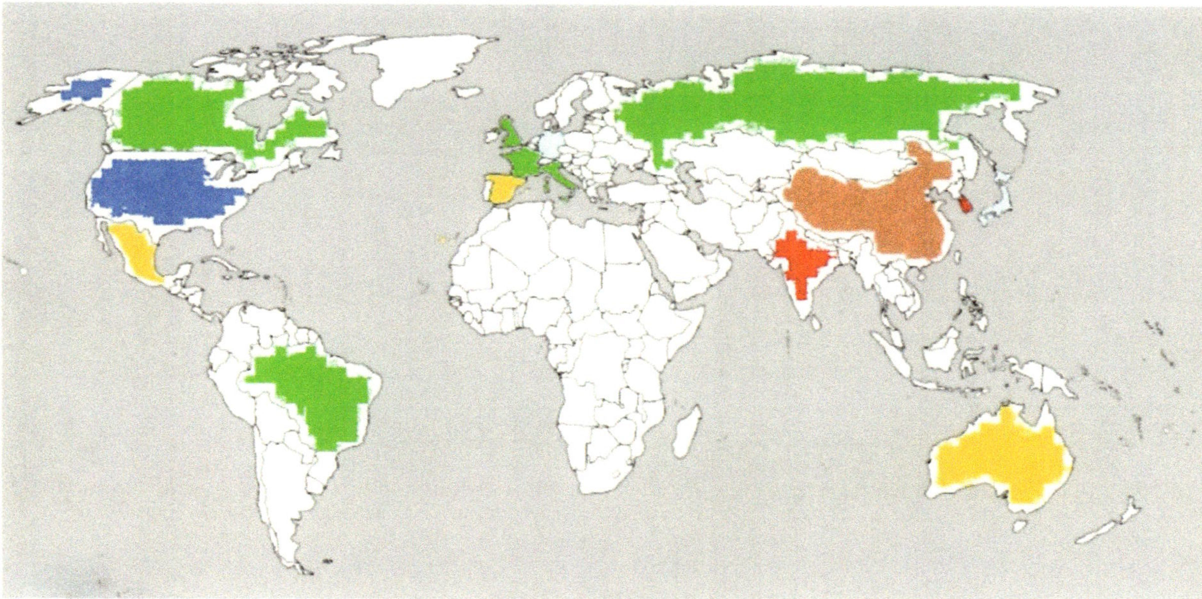

Karte 13

Die größten Volkswirtschaften nach Industrieproduktion pro Einwohner 1990

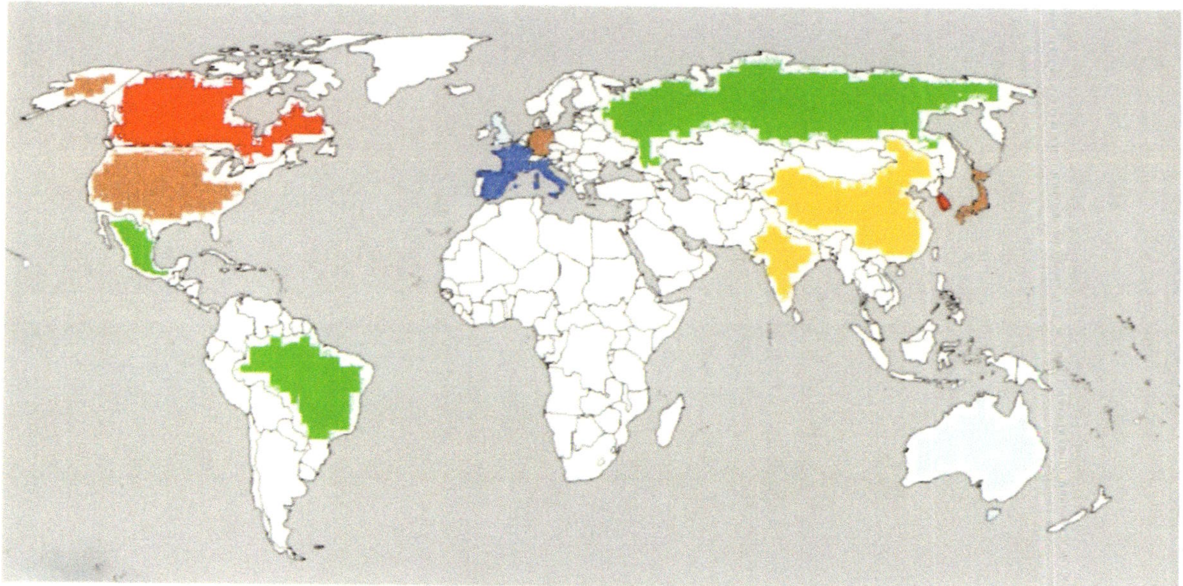

Industrieproduktion pro Einwohner (€):

< 150 | 800 - 1.500 | 2.500 - 3.500 | > 3.500 - 4.500 | > 4.500 - 5.500 | 6.000 - 8.000

Karte 14

Die größten Volkswirtschaften nach Industrieproduktion pro Einwohner 2020

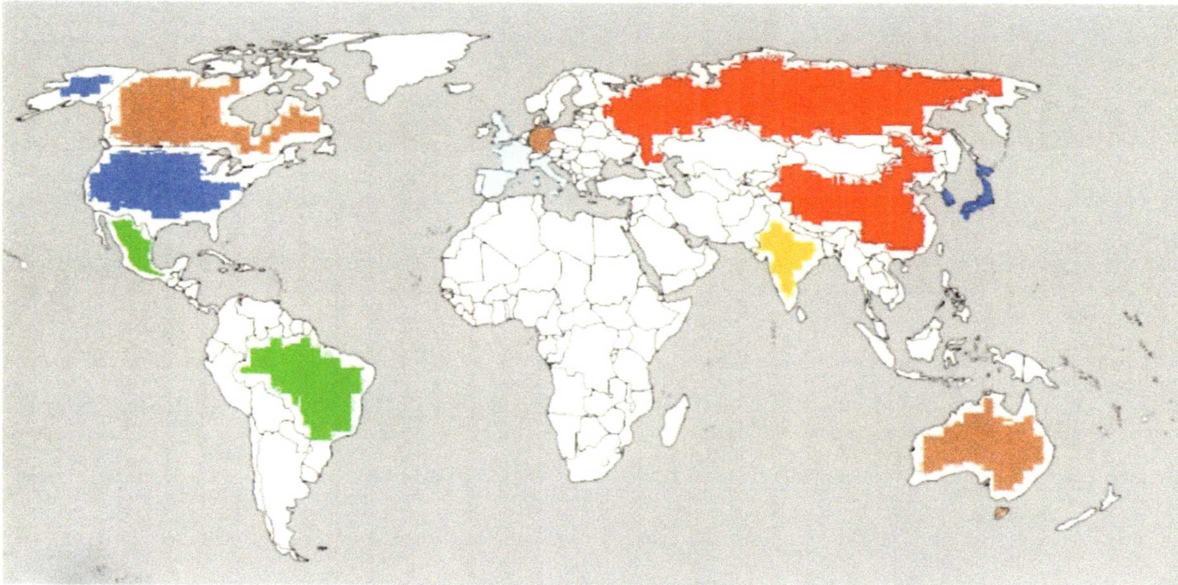

Industrieproduktion pro Einwohner (€):

520 | 2.000 - 3.000 | > 3.000 - 4.000 | 5.000 - 7.000 | 10.000 - < 11.000 | 11.000 - 12.000

Karte 15

BIP pro Einwohner im Jahr 1990
für Länder mit < 100 Mrd. BIP absolut und > 25 Mio. Ew (2019)

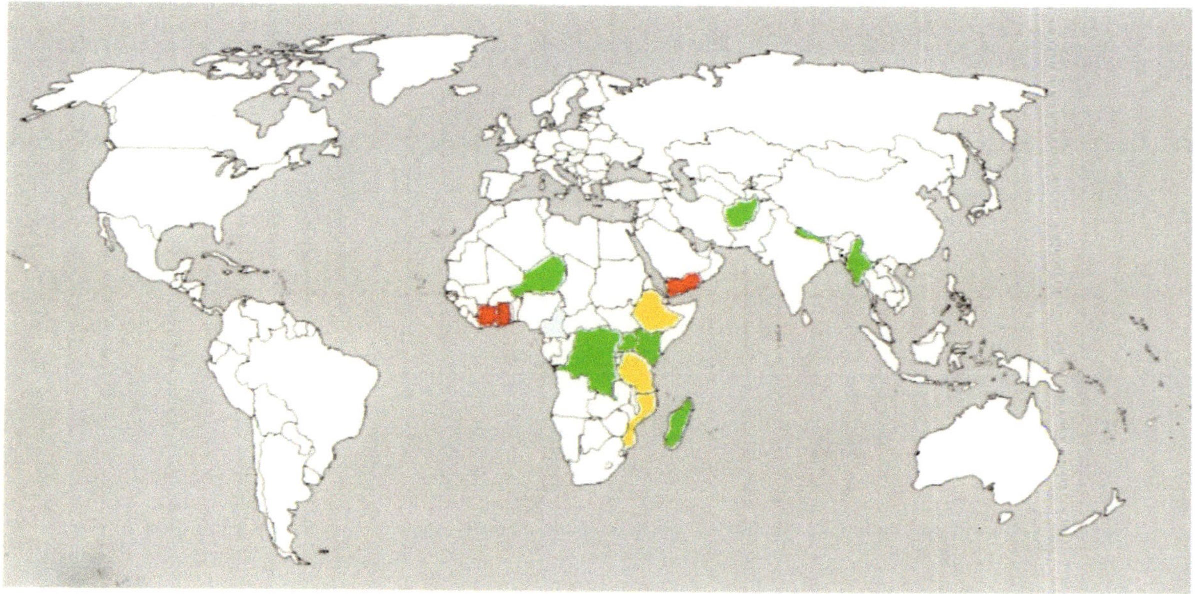

BIP/Ew 1990

< 100 | 100 - 250 | 400 - 600 | 600 - 900

Karte 16

BIP pro Einwohner im Jahr 2020
für Länder mit < 100 Mrd. BIP absolut und > 25 Mio. Ew

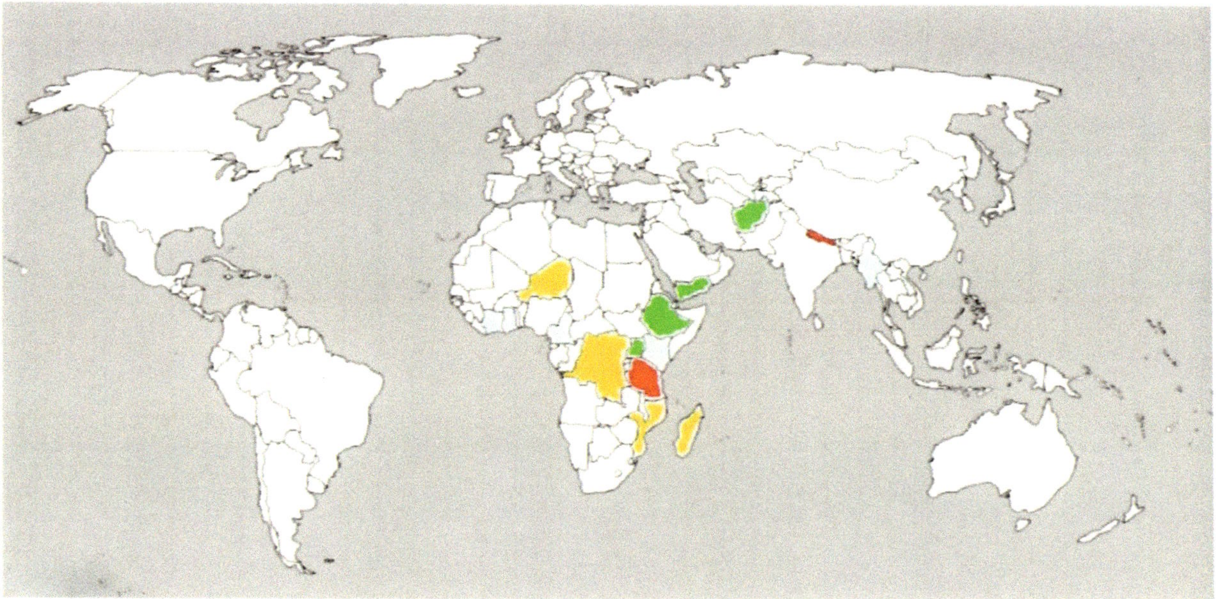

BIP/Ew 2020

300 - 500 | 500 - 750 | > 750 – 1.000 | > 1.000 – 1.500

Karte 17

Die größten Volkswirtschaften nach CO_2 - Ausstoß 1970

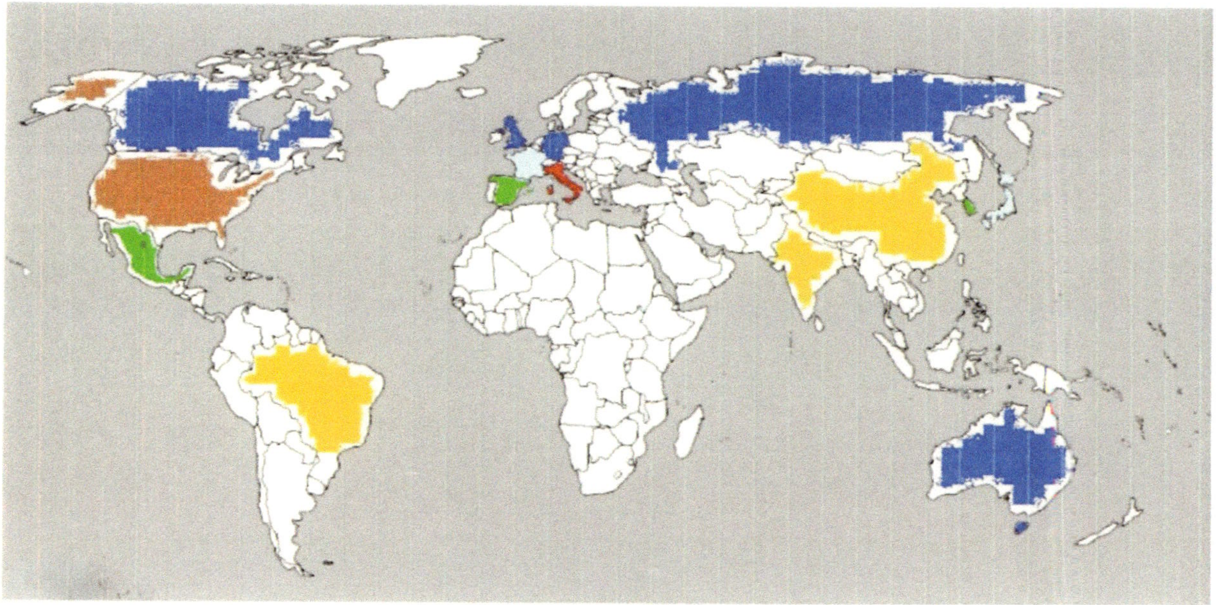

Tonnen pro Einwohner

< 2 | 2 - 4 | 6 - 7 | 8 - 9 | 12 - 16 | 24

Karte 18

Die größten Volkswirtschaften nach CO_2 – Ausstoß 2018

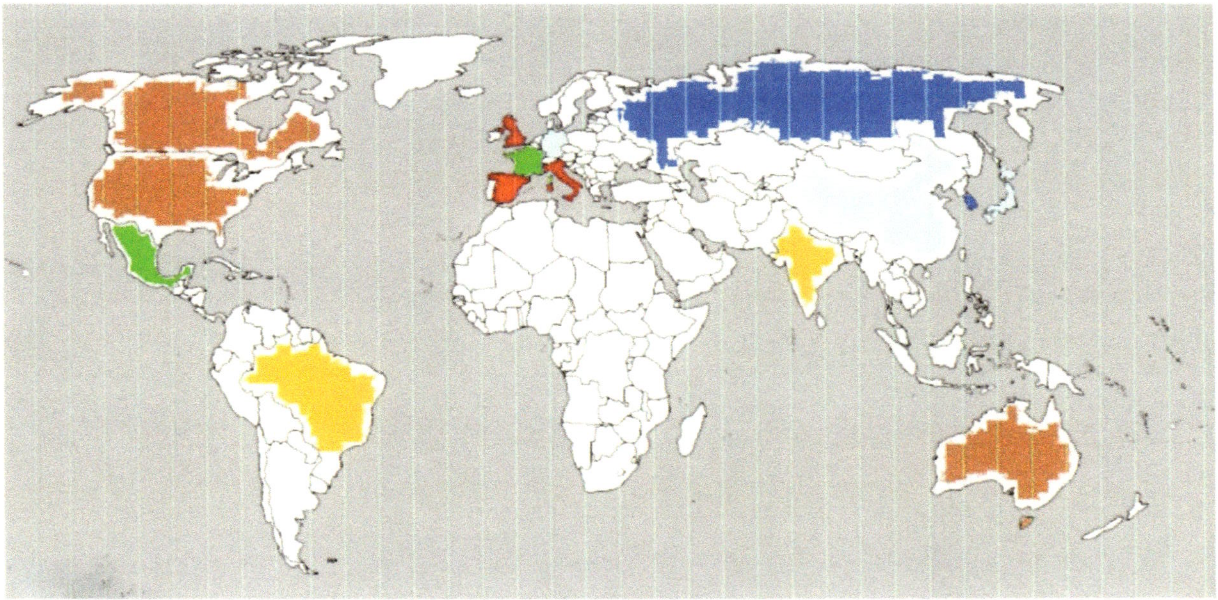

Tonnen pro Einwohner

2 - 3 | 4 - 5 | 6 - 7 | 8 - 9 | 12 - 13 | 16

Karte 19

Die größten Volkswirtschaften mit den am Coronavirus Sars-CoV-2 Verstobenen (je 10 Millionen Einwohner) zum Stichtag 23.03.2020

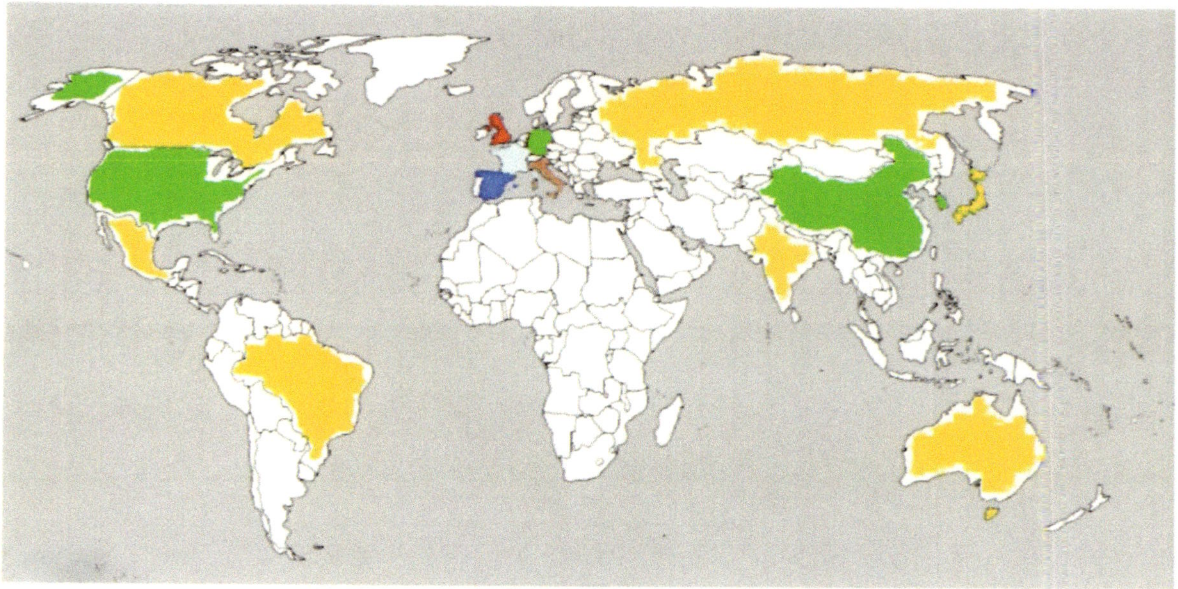

Verstorbene je 10 Mio. Ew.

< 10 | 15 - 25 | 50 - 60 | 100 - 150 | 400 - 500 | 900 - 1000

Karte 20

Die größten Volkswirtschaften mit den am Coronavirus Sars-CoV-2 Verstorbenen (je 10 Millionen Einwohner) zum Stichtag 23.06.2020

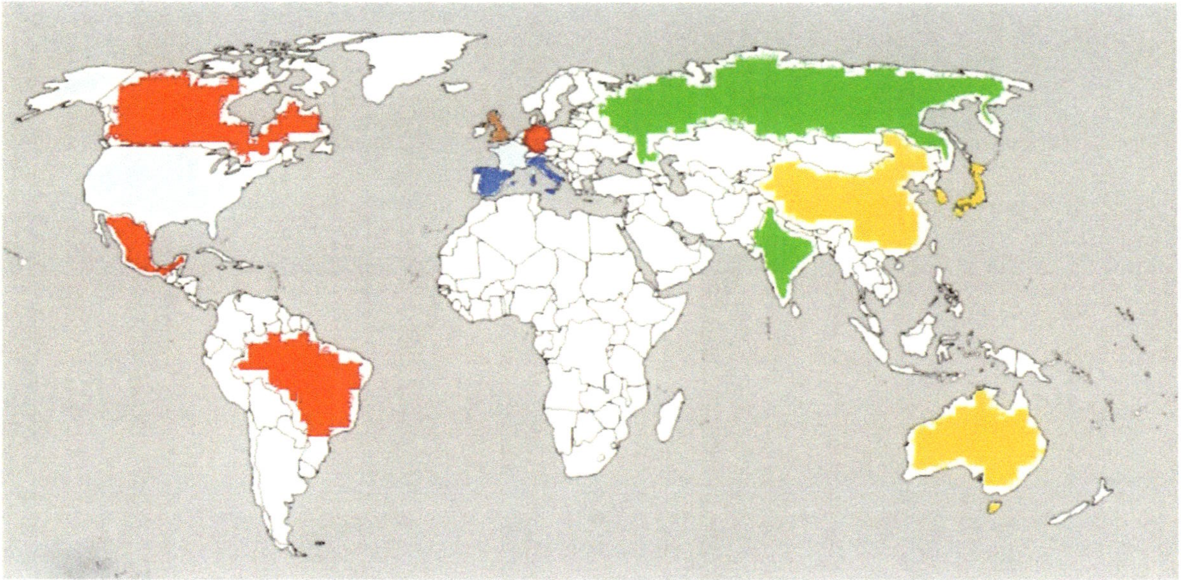

Verstorbene je 10 Mio. Ew.

< 100 | 100 - 700 | 1.000 - 3.000 | 3.500 - 4.500 | 5.000 - 6.000 | > 6.000

Karte 21

Die größten Volkswirtschaften mit den am Coronavirus Sars-CoV-2 Verstobenen (je 10 Millionen Einwohner) zum Stichtag 30.09.2020

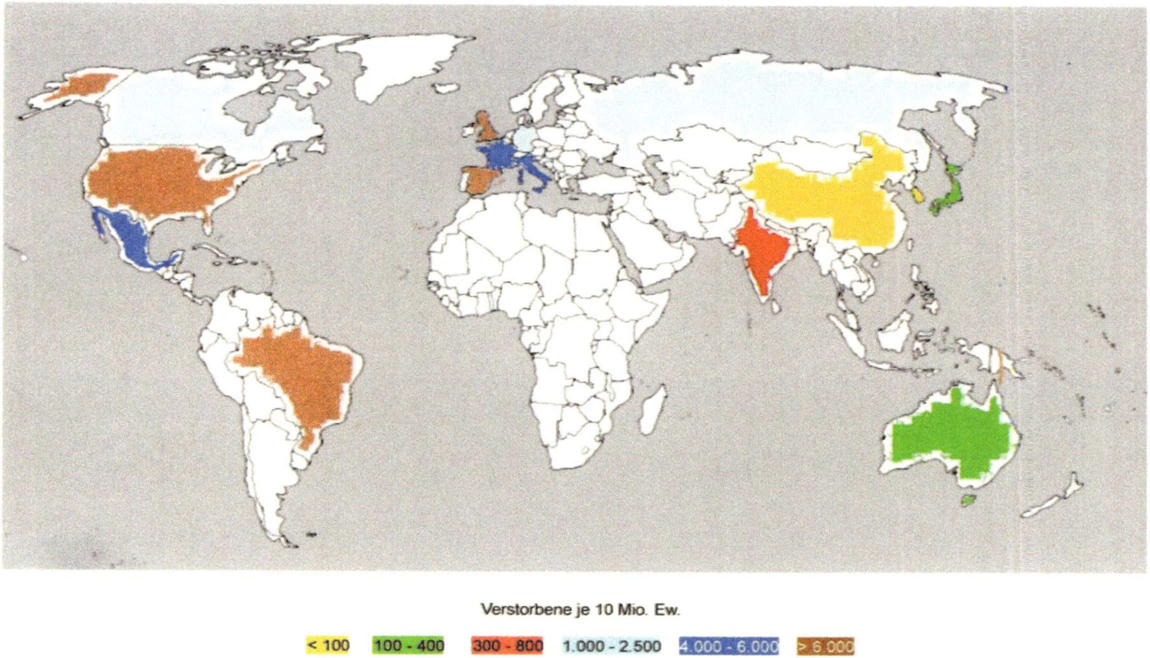

Quellenverzeichnis:

Quellen Bevölkerung und Wirtschaft

Fischer Taschenbuch (Hrsg.): Fischer Weltalmanach, Bände 1990-1995 und 2019. Frankfurt am Main.

Vollset, Stein Emil u.a.: Fertilitäts-, Mortalitäts-, Migrations- und Bevölkerungsszenarien für 195 Länder und Gebiete von 2017 bis 2100: eine Prognoseanalyse für die Global Burden of Disease Study. In: The Lancet, 14.07.2020.

Weltbank (Hrsg.): World Development Indicators. Washington 1990 – 2020.

Weltbank: Gini-Index. Washington 2018.

Quellen Klima, CO_2 /Methan

IEA -Internationale Energie Agentur- : Weltenergiebilanzen, Paris 2019.

Jackson, Robert: Das globale Methanbudget 2000 – 2017. In: Earth System Science Data, 15.07.2020.

Schönwiese, C.D.: Klimatologie. 4. Auflage, Stuttgart 2013.

Squar, M.: Zwei Grad Celsius. Wie zügellose Gier die Welt verändert. München 2015.

Quellen Corona und Spanische Grippe

Crosby, A.W.: America´s Forgotten Pandemic. The Influenza of 1918. 2. Auflage, Cambridge 2003.

Johns Hopkins University (JHU), Baltimore 2020.

Johnson, N., Müller, J.: Updating the Accounts: Global Mortality of the 1918-1920 „Spanish“ Influenza Pandemic. In: Bulletin of the History of Medicine, 76/2002, S. 105-115.

Robert Koch-Institut (RKI), Berlin 2020.

Squar, M.: Zwei Grad Celsius. Wie zügellose Gier die Welt verändert. München 2015.

Worobey, M., Cox, J., Gill, D.: The origins of the great pandemic. In: Evolution, Medicine and Public Health. 1/2019, S. 18-25.

Eigene Berechnungen auf Grundlage vorstehender Quellen.

Tabellenverzeichnis

Kartenverzeichnis

Anmerkung: Die auf den Karten 3,5,6,8,10,12,14 und 16 angegebenen Werte beziehen sich auf das Jahr 2019.